TRIBUNAL DE LA SEINE

(8ᵉ Chambre)

AFFAIRE ALLEZ

PLAIDOIRIE DE Mᵉ DU BUIT

(Audience du 15 décembre 1894)

TRIBUNAL DE LA SEINE

(8ᵉ Chambre)

AFFAIRE ALLEZ

PLAIDOIRIE DE Mᵉ DU BUIT

(Audience du 13 décembre 1894)

AUDIENCE DU SAMEDI 15 DÉCEMBRE 1894

Présidence de M. COUTURIER

AFFAIRE ALLEZ & AUTRES

L'audience est reprise à deux heures.

M. LE PRÉSIDENT. — Rémy, vous avez déclaré à l'instruction qu'après le premier rejet des réservoirs, vous les aviez fait transporter directement du magasin central du service de santé chez M. Maisonneuve. Vous n'avez pas revu ces réservoirs ?

M. RÉMY. — Non, je ne les ai pas revus.

M. LE PRÉSIDENT. — A la suite de la décision de rejet, ces réservoirs ont été transportés directement du magasin central chez M. Maisonneuve, sans passer sous vos yeux ?

M. RÉMY. — Parfaitement.

M. LE PRÉSIDENT. — Mais vous avez vu les motifs de la décision du rejet ?

M. RÉMY. — Oui.

M. LE PRÉSIDENT. — Cette décision portait que les réservoirs étaient refusés et qu'il fallait les remplacer ?

M. Rémy. — Oui, et je l'ai écrit à M. Maisonneuve.

M. le Président. — Lors du second refus, au retour des réservoirs, vous les avez examinés?

M. Rémy. — Oui.

M. le Président. — Et vous n'avez rien vu?

M. Rémy. — Non.

M. le Président. — Vous avez dit que vous avez une mauvaise vue, et vous n'étiez peut-être pas extrêmement compétent.

M. Rémy. — J'ai regardé le mieux que j'ai pu.

M. le Président. — C'est bien.
Maître du Buit, vous avez la parole

PLAIDOIRIE DE Mᴱ DU BUIT

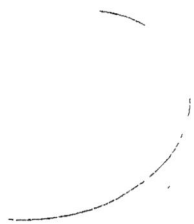

PLAIDOIRIE DE Mᴱ DU BUIT

Mᵉ ᴅᴜ Bᴜɪᴛ. — J'ai l'honneur de me présenter dans la cause pour M. Allez père et pour M. Allez fils.

Mes conclusions tendent à ce qu'il plaise au Tribunal :

Attendu que MM. Allez père et Allez fils sont poursuivis à la requête du Ministère public, comme prévenus de deux délits distincts ainsi formulés par le réquisitoire :

1° D'avoir par négligence retardé la livraison de fournitures destinées à l'armée, sans que le service ait manqué;

2° D'avoir participé à une fraude sur la qualité ou la quantité des choses fournies, soit en ne surveillant pas la livraison des objets confectionnés par un tiers, soit en les présentant personnellement de nouveau en violation des prescriptions du cahier des charges, après qu'ils avaient été déjà refusés.

Attendu en fait, que la fourniture dont s'agit consistait en la confection et la livraison de trente réservoirs en tôle galvanisée, d'une contenance de huit litres chacun et du prix de sept francs quarante-cinq centimes, soit au total de deux cent vingt-trois francs cinquante centimes.

Que le cahier des charges relatif à cette fourniture contient à l'article 29 les conventions suivantes textuellement rapportées :

CAHIER DES CHARGES

POUR LA FOURNITURE DU MATÉRIEL
NÉCESSAIRE AU MAGASIN GÉNÉRAL DU SERVICE DE SANTÉ
Années 1893-1894-1895.

ART. 29.

RETARD DANS LES LIVRAISONS. — PÉNALITÉS A ENCOURIR

Lorsque les délais de livraisons fixés conformément à l'article 28 et indiqués sur les commandes seront dépassés, sans que l'adjudicataire ait obtenu un sursis de livraison, celui-ci subira une retenue de un quart par franc et par jour, sans que la pénalité totale puisse dépasser le dixième du montant de la fourniture.

Cette pénalité sera appliquée de plein droit, sans aucune mise en demeure préalable et par la seule échéance du terme.

Toutefois, lorsque les commandes auront indiqué qu'il y a urgence et que les objets compris dans ces commandes ne seront pas livrés dans les délais fixés, pour assurer le service, l'officier d'administration gestionnaire du magasin central aura la faculté de se procurer sur place aux risques et périls de l'adjudicataire, les objets non livrés en temps utile.

Dans le cas où le retard de livraison se prolongerait au delà de vingt jours, le Ministre aura le droit, sans qu'il soit besoin de recourir à un acte judiciaire ou extrajudiciaire, soit de résilier le marché, soit de passer un marché d'urgence, aux risques et périls de l'adjudicataire défaillant.

Dans ce dernier cas, la plus-value sera de droit à la charge de cet adjudicataire sans que la moins-value puisse lui profiter.

Ces mesures de rigueur seront précédées toutefois de la constatation régulière des retards qui les auraient motivées et d'une mise en demeure préalable.

Les mêmes mesures seront prises à l'égard de l'adjudicataire :

1° S'il venait à se soustraire par des actes considérés comme frauduleux aux obligations que lui impose le cahier des charges et notamment s'il venait à représenter à la Commission des fournitures déjà refusées;

2° S'il n'exécutait pas lui-même la fourniture et s'il venait par suite à concéder à qui que ce soit l'exploitation de tout ou partie de la fourniture qui lui est dévolue.

En cas de modifications dans la constitution de la Société, la résiliation du marché pourra être prononcée.

Dans le cas de résiliation, la retenue stipulée au paragraphe premier sera décomptée jusqu'au jour de la résiliation.

Les actes considérés comme frauduleux pourront être l'objet malgré la résiliation du marché, de poursuites judiciaires, le cas échéant.

Attendu qu'il a été constaté par l'instruction et qu'il est d'ailleurs reconnu par le réquisitoire que la bonne foi de MM. Allez ne peut être suspectée; qu'en effet ils avaient confié la fabrication des réservoirs à M. Maisonneuve, fabricant connu d'eux et d'une respectabilité jusque-là à l'abri de tout soup-çon, moyennant un prix rémunérateur; que celui-ci était engagé à leur fournir des objets en tout conformes au type fourni par l'Administration; que la solvabilité de Maisonneuve était parfaite et qu'ainsi ils n'avaient aucun intérêt à livrer des réservoirs non conformes; qu'il est de soi-même évident que s'ils avaient connu l'artifice à l'aide duquel le fabricant, chargé formellement par eux de remplacer les objets refusés, les avait représentés, ils n'en auraient pas fait la livraison au service de santé de l'armée.

Qu'il résulte de l'instruction que la poursuite d'abord fondée sur l'article 423 du Code pénal et la loi du 27 mars 1851, allait être abandonnée contre eux, lorsque, à l'occasion d'événements qui leur sont complètement étrangers, le Ministère de la Guerre, par une dépêche en date du 17 novembre a cru devoir relever contre eux, pour la première fois, le délit prévu par l'article 433 du Code pénal, d'avoir, par négligence, retardé les livraisons de fournitures militaires.

Qu'à ce chef de prévention a été ajouté par le Ministère public le délit de participation à la fraude pratiquée par Maisonneuve.

Qu'il y a lieu d'examiner séparément ces deux chefs de prévention.

§ 1er. — En ce qui concerne le délit de participation à la fraude.

Attendu que ce délit n'existe pas en droit pénal s'il ne présente pas les caractères de la complicité telle qu'elle est définie par les articles 60, 61, 62 du Code pénal, lesquels prévoient impérativement la connaissance du délit et l'intention de le provoquer, d'en favoriser ou d'en cacher l'exécution.

Que le Ministère public ayant proclamé lui-même la bonne foi de MM. Allez et ne les poursuivant pas comme complices, le délit de participation, tel qu'il est relevé, n'a qu'un caractère imaginaire.

Que cela résulte encore avec plus d'évidence de la définition donnée par le réquisitoire des faits constitutifs du délit.

a) Que le premier fait consiste à imputer à MM. Allez, comme constituant un délit, le défaut de surveillance des objets confectionnés par un tiers.

Qu'en réalité ce reproche revient, d'après les développements contenus au réquisitoire, à soutenir que MM. Allez ont contrevenu aux conditions du cahier des charges, en faisant confectionner par un tiers, les réservoirs à eux commandés; que le fait délictueux serait donc caractérisé par cette infraction au cahier des charges.

Mais attendu que si le cahier des charges interdit au fournisseur de concéder à un autre l'exploitation de tout ou partie de la fourniture qu'il n'exécuterait pas lui-même, rien ne lui interdit de se procurer les objets qu'il s'est engagé à fournir. Que le cahier des charges s'appliquant aussi bien à la livraison de denrées, de matières, de remèdes, etc., etc., qui n'exigent aucune fabrication, il est évident que le fournisseur n'est pas tenu de produire par lui-même ou par ses ouvriers les objets commandés; qu'il lui est permis de les faire fabriquer; que spécialement MM. Allez frères, n'étant pas fabricants, et cela à la parfaite connaissance de l'Administration, le marché du 22 février impliquait la fourniture de quantité d'objets divers pour lesquels ils étaient dans la nécessité de s'adresser à divers corps d'état; que ce qui leur est interdit, c'est de passer à un tiers le bénéfice de leur marché que le tiers exécutera ensuite sous le nom du fournisseur.

Attendu qu'en ce qui concerne le prétendu défaut de surveillance des objets fabriqués par un tiers, ce reproche à le supposer fondé en fait, ce qui est formellement contesté, ne peut constituer par lui-même aucun délit, dans le silence de la loi.

b) Que le second fait consiste dans la représentation, effectuée de bonne foi, par MM. Allez, d'objets ayant été refusés une première fois.

Attendu que, de ce chef, le réquisitoire invoque une théorie nouvelle d'après laquelle il existerait en matière de fournitures destinées à l'armée, et dans les termes de l'article 433, une fraude spéciale, dont le caractère serait de n'être pas nécessairement frauduleuse, et de pouvoir être commise de bonne foi; que le Ministère public l'assimile à la fraude commise contre la douane, la régie ou l'octroi, au sujet de laquelle l'excuse de bonne foi n'est pas admise ou encore à l'homicide par imprudence d'où l'intention est nécessairement absente;

Que suivant lui la matière des articles 430 à 433 est dominée par ce principe général, édicté dans un intérêt supérieur, que toute infraction aux obligations du fournisseur, non excusée par la force majeure, constitue une faute, laquelle est, par elle-même et en dehors de toute intention, qualifiée par la loi de crime ou de délit suivant que le service a ou n'a pas manqué.

Qu'ainsi le mot fraude, dans l'article 433, s'appliquerait à la faute contractuelle, même commise de bonne foi; mais attendu, sans qu'il soit besoin de faire ressortir combien une pareille thèse renverserait les principes fondamentaux de toute législation pénale, qu'il suffit de relever d'après le paragraphe 4 lui-même du titre II du livre III, l'erreur capitale du réquisitoire.

Attendu en effet que la faute la plus grave, qualifiée crime et punie de la réclusion, est prévue par l'article 430 et consiste à avoir fait manquer le service sans y avoir été contraint, sans une force majeure.

Qu'il résulte cependant de l'article 431 que le fournisseur contre lequel une faute personnelle n'est pas relevée est exempt de toute poursuite, leurs agents devant seuls être punis si le crime est de leur fait.

Qu'ainsi la loi elle-même n'a pas entendu frapper comme un crime la seule inexécution du marché; qu'elle exige une faute personnellement imputable.

Attendu qu'il ne saurait être contesté que la règle posée par l'article 431, étant générale, est également applicable au cas beaucoup moins grave prévu par l'article 433; que par suite et même en supposant que dans cet article le mot fraude soit synonyme de faute, encore faudrait-il qu'une faute imputable soit relevée ;

Mais qu'il ressort de cet article lui-même que le mot fraude y est bien employé dans le sens de fraude et non de faute; qu'en effet, la première hypothèse punissant la simple négligence ayant occasionné un retard, il eût suffi, si la défectuosité des choses fournies était également un délit, de l'indiquer sous les mêmes termes et de punir la négligence dans la qualité des choses fournies, considérée comme équivalente à un retard; que telle n'est pas l'économie de la loi; qu'après avoir visé le cas de retard par négligence elle vise le cas où il y a eu fraude, c'est-à-dire le cas où après la livraison une fraude est découverte; qu'elle ne distingue pas entre la fraude sur la qualité, et la fraude sur la quantité, celle-ci excluant nécessairement toute idée de bonne foi.

Qu'il est donc démontré qu'à aucun point de vue la présentation effectuée de bonne foi par MM. Allez d'objets qu'ils ignoraient avoir été une première fois refusés ne peut constituer un délit.

§ 2. — En ce qui concerne la négligence ayant occasionné des retards.

a) Attendu tout d'abord que c'est seulement le 17 novembre 1894, qu'après une instruction ouverte le 28 juillet que le Ministère de la Guerre s'est avisé qu'il y aurait eu un retard causé par négligence; que ce retard d'ailleurs est loin d'être démontré; qu'il ne suffit pas, en effet, de constater matériellement que le délai de la livraison était expiré; qu'il faut établir un retard préjudiciable, aucune législation ne pouvant être supposée prescrire un emprisonnement de cinq années contre un fournisseur dont le retard n'aurait causé aucun préjudice.

Qu'au surplus le dernier paragraphe de l'article 433 exigeant pour la poursuite la dénonciation du Gouvernement, subordonne nécessairement à des cas d'une gravité exceptionnelle et démontrée de telles condamnations.

Attendu, en fait, que le retard dans la fourniture de trente réservoirs de nuit litres ne pouvait causer aucun préjudice; que ces objets ne sont pas de nécessité et peuvent être remplacés, en cas d'urgence, par des récipients de toute forme et de toute nature; que l'Administration du service de santé reconnaît elle-même que ces objets sont à tel point indifférents qu'au moment de la commande elle n'en avait que six en magasin; qu'il serait même absurde de soutenir que l'absence de ces trente réservoirs aurait empêché l'expédition aux régiments et aux corps d'armée de quinze voitures d'ambulance, à supposer que celles-ci eussent été prêtes, l'absence de ces réservoirs ne rendant pas ces voitures indisponibles.

Qu'il est évident que le prétendu retard et le prétendu préjudice du retard n'ont été imaginés le 17 novembre, après une longue instruction, que pour motiver un renvoi en police correctionnelle rendu désirable pour l'Administration de la guerre, comme d'ailleurs pour les prévenus eux-mêmes par les bruits calomnieux répandus dans le public.

b) Attendu, en second lieu, que le retard préjudiciable fut-il démontré, il ne s'ensuivrait pas qu'une peine quelconque pût être appliquée à MM. Allez;

Attendu, en effet, que le cahier des charges de leur marché prévoit tous les cas de retard, avec ou sans préjudice; qu'une retenue est stipulée contre le fournisseur en retard, que des mesures sont prises afin de permettre au

Ministre, en cas d'urgence, de se pourvoir des objets nécessaires aux frais, risques et périls du fournisseur en retard, soit en résiliant le marché, soit en en passant un autre avant toute résiliation.

Que ces mesures ne peuvent être prises qu'après constatation régulière du retard et mise en demeure préalable du fournisseur.

Que, de plus, si le cahier des charges a expressément réservé l'éventualité de poursuites judiciaires en cas de fraude, il ne les a pas réservées en cas de retard, d'autres mesures étant prises pour cette éventualité.

Qu'ainsi le Ministre auquel appartient, d'après le dernier paragraphe de l'article 433, la disposition absolue des poursuites, a, par le marché lui-même, fait connaître au fournisseur qu'en cas de retard, il n'aurait pas à en répondre pénalement, mais seulement pécuniairement et dans les limites prévues aux conventions.

Attendu que, dans ces conditions, il ne peut être donné aucune suite à la poursuite, sans enfreindre les conditions contractuelles sous lesquelles un négociant a consenti à prêter son concours au Ministère.

Par ces motifs,

Renvoyer MM. Allez, père et fils, des fins de la poursuite, sans dépens.

Après la lecture des conclusions, Mᵉ DU BUIT les développe dans les termes suivants :

MESSIEURS,

Je pense que le Tribunal me saura gré de décliner l'invitation qui m'a été adressée par l'honorable organe du ministère public, dans des termes d'ailleurs extrêmement courtois, de faire une incursion sur le terrain d'une autre affaire, l'affaire de chantage, qui a été substituée, par une presse évidemment très bienveillante, au procès qui nous occupe aujourd'hui. Cet autre procès aura peut-être son heure : en tout cas, elle n'est encore pas venue. Pour le moment, et pour répondre à une observation du ministère public, il me suffira de dire que si mes clients ont « cru devoir fermer le guichet des renseignements »⟨pour la presse, ils ne l'ont fait que par respect pour la justice, déjà saisie et qui avait reçu leurs déclarations.

Ces déclarations, ils les ont renouvelées devant M. le Juge d'instruction. Ils ont répété, au grand étonnement, paraît-il, de bien des gens, — mais pas au nôtre, pas à l'étonnement [du Tribuna , j'en suis sûr, — que jamais, ni par eux-mêmes, ni par leurs amis, ni directement, ni indirectement, ils n'avaient fourni une somme d'argent quelconque, à qui que ce soit, à l'occasion de ce procès, et qu'il ne leur en a été demandé aucune.

Telle a été leur déclaration. Elle est formelle, et je la reproduis. Je ne veux faire d'ailleurs, messieurs, aucune allusion à des bruits persistants constamment répandus dans la presse. A en croire ces personnes si bien informées de ce qui se passe ou ne se passe pas dans le cabinet de M. le Juge d'instruction, il aurait eu le spectacle lamentable d'une mère de famille appelée à s'expliquer et confessant, au milieu des larmes, que son fils et son mari avaient trompé la justice; elles affirment qu'on aurait découvert je ne sais quelle vente de titres.

Ce seraient là des inventions ridicules, si elles n'étaient abominables; et on peut se demander, certaines personnes se demandent, en effet, quel peut être l'intérêt ainsi poursuivi par une certaine presse. Les personnes clairvoyantes commencent peut-être à l'apercevoir.

Plaidons donc notre procès, et je suis convaincu que j'aurai l'occasion d'en tirer des enseignements utiles pour tout le monde. Il semble, qu'en cette affaire, tout le monde, sans exception, ait manqué de sang-froid, de sens rassis, presque de sens commun.

Nous verrons aussi s'il était juste de mêler à cette affaire de hautes considérations patriotiques, de parler de la mobilisation entravée, de l'échec possible et futur de notre armée. Nous verrons si c'était bien le cas, en présence de la rareté extraordinaire de ces sortes de poursuites qui vous a été signalée par le Ministère public, de faire, de l'affaire Allez, une affaire de principe, ou une affaire à scandale, scandale sous lequel les malheureux clients pour lesquels je me présente succombent presque depuis six semaines environ.

Quoi qu'il en soit, ils sont aujourd'hui devant vous, et la première déclaration du ministère public les disculpe de l'ombre même d'une mauvaise intention.

Il faut dire publiquement toute la vérité ; vous allez la connaître. Je n'ai besoin d'obtenir de vous que de la patience ; car j'ai à faire passer sous vos yeux nombre de faits jusqu'ici laissés dans l'ombre, qui n'ont été indiqués ni dans le réquisitoire ni dans l'interrogatoire à l'audience, et qui me paraissent de nature à jeter une vive lumière sur le procès.

Je n'ai pas à vous dire ce qu'est la maison Allez. Elle est connue de tout Paris. Il n'est pas de ménagère — et je parle aussi bien de nos femmes que de la plus humble bourgeoise de la capitale — qui ne connaisse le chemin de la maison Allez, qui ne l'ait pris et repris souvent, revenant chaque fois entièrement satisfaite. Il faut croire que cette satisfaction a été partagée par les Administrations publiques. Cette maison, fondée depuis quatre-vingts ans, n'est jamais sortie de la famille Allez ; elle a toujours fait les affaires avec honneur et probité ; la Ville de Paris en a fait son fournisseur depuis de longues années et elle a toujours été satisfaite de ses fournitures ; depuis 1870, MM. Allez sont fournisseurs du Ministère de la Guerre, qui n'a jamais eu non plus à formuler contre eux le plus léger grief.

Eh bien ! de quoi s'agit-il aujourd'hui ? Il s'agit de l'un des nombreux articles du dernier marché que MM. Allez ont passé avec le Ministère de la Guerre. Ces marchés ont été nombreux. J'ai ai la liste ; mais, pour ne parler que des années 1893 et 1894, l'Administration de la Guerre a eu recours à MM. Allez pour 113.000 francs de fournitures en 1893 et pour 42.634 francs en 1894. Ce n'est pas seulement avec les Magasins Généraux des Hôpitaux que MM. Allez sont en relations ; mais encore avec la manutention du quai Debilly, les ateliers de Vincennes, les magasins d'habillement et de campement et les docks militaires.

La fourniture dont il est aujourd'hui question était l'un des objets d'un marché passé à la date du 2 février 1894. Le Ministère de la Guerre a contracté à ce moment un marché de gré à gré avec la maison Allez, pour les années 1894 et 1895, dans les termes du cahier des charges, qui porte la date, citée à l'instruction, du 21 octobre 1892. Cette fourniture était destinée au Magasin central du Service de santé pendant les années 1894 et 1895, et portait sur un assez grand nombre d'objets.

Il ne faut pas croire en effet que ce marché concernât seulement les trente réservoirs dont il a été constamment parlé jusqu'à présent ; le marché passé avec MM. Allez comprend un grand nombre d'articles divers, se rapportant eux-mêmes à des industries essentiellement différentes, que MM. Allez, par conséquent, n'avaient nullement l'intention, n'étaient même nullement censés fabriquer eux-mêmes.

A l'audience dernière, M. le président a posé à MM. Allez cette question :

« Vous étiez tenus de fabriquer ?

» Non, c'était impossible, répondirent MM. Allez.

» Alors, répliquait M. le président, il ne fallait pas soumissionner. »

Je crois que cette question a été dictée à M. le président par une connaissance incomplète des conditions du marché de la guerre. C'est ce que je vais tout d'abord m'efforcer de démontrer.

A la parfaite connaissance du Ministère de la Guerre, MM. Allez ne sont pas des fabricants. Ils ne fabriquent absolument rien. Ils ont un commerce très étendu de quincaillerie. Or, tout le monde sait que les quincailliers, sous cette dénomination fort ancienne, vendent une série d'objets provenant d'industries très diverses, et qui, par conséquent, ne sont pas fabriqués par les quincailliers.

Le cahier des charges, d'ailleurs, n'imposait pas à MM. Allez la fabrication personnelle. Jamais il n'a été dit que MM. Allez s'engageaient à fabriquer eux-mêmes les objets.

Voici les termes du marché :

« Nous, soussignés, Allez, déclarons nous soumettre aux clauses du cahier des charges et nous charger de la fourniture des objets énumérés dans le tableau ci-après. »

Reportons-nous au cahier des charges en ce qui concerne la fourniture.

« Art. 3. — Les matières des objets composant la fourniture devront être de production et de fabrication exclusivement françaises. »

Par cet article, MM. Allez se sont engagés à ne pas acheter ailleurs qu'en France et à ne livrer que des objets de fabrication française.

« Des visites inopinées pourront être faites dans les ateliers de l'entrepreneur pendant l'exécution des commandes à l'effet de procéder à toute vérification jugée nécessaire, et, pour s'assurer que toutes les matières sont fabriquées en France, les entrepreneurs devront en faire la justification, s'ils y sont invités, par la présentation des factures ou de certificats d'origine authentiques. »

Si le fournisseur est chargé de fabriquer, la première partie de l'article s'applique; il importe, en effet, dans ce cas, que l'on constate s'il fabrique ou s'il s'adresse à l'étranger; mais, pour tous les autres objets, il est obligé, si on le lui demande, de donner les justifications nécessaires par la production de factures indiquant où il a fait fabriquer les objets.

En outre, ce marché n'est pas un marché ferme, ce n'est pas un marché qui engage à la fois M. le ministre de la Guerre et MM. Allez pour des quantités déterminées. C'est un marché qui a uniquement pour but d'indiquer des séries de prix et, en même temps, de faire connaître au fournisseur les prévisions de fournitures pour les deux années pendant lesquelles il devient le fournisseur de l'Administration.

Ainsi, il est bien entendu que le ministre n'est nullement tenu de prendre les objets dont MM. Allez s'engagent à faire la fourniture ; il peut n'en prendre aucun, n'en demander aucun. Mais il y a plus : les engagements de MM. Allez ne sont même pas limités à une quantité quelconque de ces objets ; M. le ministre de la Guerre peut leur en demander la quantité qui lui conviendra, même hors de toute proportion ; MM. Allez sont entièrement à la disposition de M. le ministre au point de vue de la nature et de la quantité des objets qui peuvent leur être demandés. Cela résulte de l'article 23 qu'il faut également faire passer sous les yeux du tribunal.

« ART. 23. — Les quantités mentionnées en l'état annexé au présent cahier des charges ne sont données qu'à titre de simple renseignement sur les besoins probables à assurer pendant la période d'exécution du marché ; mais elles n'engagent nullement l'Administration de la Guerre, dont les demandes sont basées uniquement sur les nécessités réelles du service, sans que les adjudicataires puissent être fondés à réclamer si les chiffres des prévisions venaient à être dépassés ou à ne pas être atteints. »

Enfin, chose singulière qu'il importe de signaler, aucun délai n'est stipulé d'une manière ferme dans le marché. On ne dit pas que MM. Allez seront obligés de fournir tel ou tel objet spécialement défini et qu'ils devront le fournir à telle date : nullement. Comme on n'est pas tenu de lui commander, on n'a pas pu indiquer de délai. L'article 28 indique quels seront les délais pour chaque commande facultative.

« ART. 28. — Les livraisons seront effectuées au Magasin central du service de santé dans les délais spécifiés dans les commandes. »

Ainsi, il dépend de M. le ministre de la Guerre d'indiquer dans quel délai chaque commande devra être exécutée.

C'est bien un peu arbitraire, surtout si la sanction doit se trouver dans l'article 433 du Code pénal qui se termine par les mots : cinq ans de prison. Aussi, dans le cahier des charges, il y a une limite à l'arbitraire du Ministère de la Guerre.

« Ces délais de livraison, variables avec la quantité et la nature des objets commandés, seront calculés pour chaque objet suivant le numéro de catégorie indiqué dans la colonne 8 de l'état des objets mis en adjudication, et qui correspond à la première colonne de l'échelle des délais de livraison (annexe nᵒ 2). Les délais de livraison pourront, en cas d'urgence, être diminués par l'Administration dans les limites tracées par cette échelle. »

Vous demandez alors où est cette échelle, où est l'annexe 2? Cherchez, messieurs. Je vois M. le Président se livrer à cette recherche: il ne trouvera rien. Pas d'annexe 2, pas d'échelle. Et si nous nous reportons au marché, nous constaterons qu'il n'y a aucune indication à la colonne 8, dans laquelle devraient se trouver les chiffres d'après lesquels les délais devront être calculés. Dans le marché de gré à gré, il n'y a même pas de huitième colonne.

Ce n'est pas tout. J'ai entendu M. l'avocat de la République parler avec une émotion et une indignation communicatives des dangers considérables que MM. Allez pouvaient, à raison de leurs fournitures, faire courir à la mobilisation. On nous a dépeint ces armées en campagne, qui attendent le pain, le vêtement, la chaussure, les armes, les fourrages. Je me demandais en l'écoutant si M. l'avocat de la République avait jeté les yeux, ne fût-ce qu'un instant, sur le marché de MM. Allez et s'il s'était rendu compte de la distance énorme qui sépare les événements graves auxquels il faisait allusion des vulgaires articles de ménage que ces messieurs s'engageaient à fournir.

Voulez-vous me permettre d'en parcourir la liste?

« Cuvettes à pansements ;

» Seaux gradués, de 15 litres, en fer battu ;

» Tamis en toile métallique ;

» Buanderies portatives ;

» Bassins à distribution, en fer battu ;

» Casseroles en fer battu, étamées ;

» Casseroles, autres casseroles ;

» Cuillers à bouillon ;

» Écumoires en fer battu ;

» Lèchefrites en fer battu ;

» Passoires de trois litres ;

» Plats ronds en fer battu ;

» Seaux à assiettes avec couvercles ;

» Tamis en toile métallique ;

» Paniers à bouteilles ;

» Réservoirs pour huile à brûler, en tôle galvanisée ;

» Cuillers à distribution, en fer étamé ;

» Bouillottes à eau chaude ;

» Seaux ordinaires, sans couvercles ;

» Bidons de dix litres, d'un litre ;

» Bidons pour huile à brûler ;

» Casseroles à queue articulée ;

» Casseroles, marmites de campagne ;

» Réservoirs à eau, en tôle galvanisée, de 50 litres ;

»   —   —   de 25 litres ;

»   —   —   de 8 litres ;

» Boîtes..., Couteaux..., Cafetières ;

» Garde-manger ;

» Passoires en fer blanc ;

» Boîtes à café ;

» Paniers d'allumeur en fer blanc ;

» Boîtes avec couvercle et sans couvercle ;

» Lampes à main, dites lampes-phares ;

» Lampes modérateurs ;

» Lanternes marines à verre blanc, à verre rouge, verres de rechange ;

   » Irrigateurs Eguisier ;

   » Caisses cylindriques pour transporter les effets ;

   » Fourneaux à gaz, à un et deux fourneaux ;

   » Marmites cylindriques en fonte ;

   » Chaises-pliant en fer ;

   » Coquilles à rôtir ;

   » Couteaux à éplucher les légumes ;

   » Couteaux de cuisine à rabattre, à émincer, grands, moyens et petits ;

   » Couteaux pour ouvrir les boîtes de conserves ;

   » Paniers à salades ;

   » Machines à couper le pain ;

   » Porte-bouteilles, petits, moyens et grands ;

   » Couteaux à découper ;

   » Dessous de plat, en aloès ;

   » Ronds de serviette ;

   » Ciseaux à déballer ;

   » Compas d'épaisseur ;

   » Pierre à émeri ;

   » Fourchets en bois ;

   » Pierres à affiler les rasoirs..., rasoirs..., cuirs à rasoir... ;

   » Tondeuses ;

   » Appareils à gaz à 5, 10 et 15 becs ;

   » Lampes à alcool ;

   » Pelles à charbon, à feu ; pincettes ; plaques en tôle ;

   » Poêles en fonte ; seau à charbon, soufflets de cheminée, de fourneau ;

   » Métiers à rouler les bandes ;

   » Bancs de jardin ;

   » Soufflets pour poudre de pyrèthre ;

» Souricières, pièges à rats ;

, » Stores pour croisées. Boîte aux lettres. »

M. le Président. — Maître du Buit, il s'agit, dans l'espèce, de réservoirs d'ambulance.

Me du Buit. — Vous le croyez, Monsieur le Président ?

M. le Président. — Je l'avais cru jusqu'à présent.

Me du Buit. — Nous allons voir.

« Tringles en fer cuivré ;
» Cadenas en cuivre ;
» Jeux de boules, de dames, échecs, trictracs ;

Enfin :

« Papier goudronné et papier d'emballage. »

Tel est le lot de fournitures passé par MM. Allez, et j'arrive à l'observation qui a frappé l'esprit de M. le Président. Voulez-vous me dire, dans cette longue énumération que vous venez d'entendre, ce qui prévient le fournisseur que les réservoirs à eau en tôle galvanisée de 50 litres, de 25 litres, de 8 litres, sont destinés à recevoir de la tisane ? Est-ce que je peux le deviner ? Le marché me le dit-il ? En y appliquant mes connaissances en matière de quincaillerie ne suis-je pas autorisé à penser que ce sont des réservoirs à se laver les mains, sorte de réservoirs avec lesquels ceux dont il s'agit dans le procès ont la plus grande analogie par leur aspect ? Nous savons que la tôle galvanisée constitue au point de vue de l'eau potable un récipient exécrable, déplorable, détestable ! Que jamais il n'est venu à la pensée de personne de mettre de l'eau potable dans des réservoirs en tôle galvanisée, parce qu'il s'y forme de l'oxyde de zinc ! On ne nous dit pas à quel usage ces réservoirs sont destinés, et jamais nous n'aurions pu croire que la question à débattre pût jamais être transformée au point d'imputer à MM. Allez ou à qu que ce soit un manque de vigilance capable de nuire à la santé de nos soldats et de nos blessés, par le danger d'une infection micro-bienne des eaux de pansement ou des tisanes.

Voilà donc, dès le début, toute la gravité de la question qui disparaît. Partout on a répété que la poursuite avait été exclusivement motivée par le danger dont la fraude prétendue menaçait la santé des malades et des blessés.

Ce danger, le fournisseur ne pouvait le prévoir, puisqu'il ignorait la destination spéciale de ces réservoirs de 50, 25 et 8 litres, qua-lifiés simplement : *réservoirs à eau*, et qui par leur apparence, cons-tatée *de visu* par le tribunal, ressemblent à s'y méprendre à de simples lavabos.

On s'adresse à MM. Allez comme le ferait une ménagère pour monter son ménage ; on leur demande toutes sortes d'objets dont aucun ne sort de la destination la plus vulgaire, et ils seraient responsables de n'avoir pas deviné que parmi ces objets il en est *un*, *un seul* qui par une destination non mentionnée peut compromettre la santé de l'armée, et on voudra le rendre responsable de conséquences qu'il lui a été impossible d'entrevoir ! Cela est impossible.

Dès le début, l'affaire est donc remise au point où elle eût dû être maintenue. La fourniture comprend des objets de ménage, utiles sans doute, mais dont aucun ne peut être assimilé aux vivres, aux armes, aux munitions, à l'équipement et au campement.

Voyons maintenant les faits.

Le 28 février 1894, MM. Allez reçoivent une commande. La voici. Est-ce là une commande spéciale pour les bidons de 8 litres ? Pas du tout ! On nous commande 1.100 cuvettes à pansement en fer battu, 200 bidons de 10 litres, 2.500 bidons de 1 litre avec courroies et enveloppes, 20 bidons pour huile à brûler, 30 réservoirs à eau de

25 litres en tôle galvanisée et 20 réservoirs, toujours en tôle galvanisée, de 8 litres.

Voilà l'objet de la commande.

Si on la compare avec les prévisions du contrat, on constate une disproportion considérable.

On commande 1.100 cuvettes à pansement ; le marché en prévoit 600 pour deux ans.

On commande 200 bidons à 10 litres ; le marché en prévoit 100 en deux ans.

On commande 2.500 bidons à 1 litre, avec courroies et enveloppes ; le marché en prévoit 1.000 pour deux ans.

Une note au crayon bleu indique que la commande est « très urgente ». Le délai de la livraison est 30 jours à partir du 14 mars 1894.

La maison Allez se met immédiatement en mesure de satisfaire, en commandant les réservoirs à son fabricant ordinaire, la maison Maisonneuve.

J'ai la lettre de transmission : On lui remet en même temps le type et on lui demande de garantir la réception.

Le marché donne pour ces réservoirs d'une capacité de 8 litres un prix de 7 fr. 45 c. Il n'est pas inutile de savoir à quel prix M. Maisonneuve les vend lui-même. Il les fabrique au prix de 6 fr. 80 c., laissant un écart de 65 centimes qui laisse entre les prix pour 30 réservoirs une différence d'environ 19 francs. On n'accusera pas M. Allez, comme on le fait quelquefois, comme on l'a prévu dans les travaux préparatoires du Code pénal, d'avoir recherché un bénéfice sur la fourniture.

Les réservoirs sont remis et livrés le 14 avril. Maisonneuve a ainsi rempli son office.

Mais MM. Allez avaient-ils bien placé leur confiance en s'adressant à la maison Maisonneuve ? C'est une maison fort ancienne ; M. Maisonneuve a repris, il y a quelques années, la succession d'un fabricant avec lequel MM. Allez étaient en relations depuis plus de

quinze ans. Ils ont fait avec M. Maisonneuve des affaires fort impor-
tantes — et non pas seulement pour l'Administration de la Guerre
— qui se sont élevées, pour l'année 1893, à la somme importante
de 65.724 francs, que la maison Allez a payée à M. Maisonneuve
pour diverses fournitures de son industrie. Cette maison est parfaitement honorable, elle a toujours très bien fourni MM. Allez, qui
se seraient fait scrupule de s'adresser, pour fournir l'Administration
de la Guerre, à un fabricant qui n'aurait pas mérité leur propre
confiance.

Les réservoirs sont donc livrés en temps utile. Ils sont examinés
par la Commission, le 5 mai 1894, après avoir été examinés par la
maison Allez elle-même, avant d'être expédiés aux magasins.

La Commission se réunit le 5 mai ; le 10, elle déclare qu'elle
refuse les réservoirs. Pour quels motifs ? Il faut les replacer textuellement sous les yeux du Tribunal.

« Confection inférieure à celle du type. En outre, bien qu'étant
confectionnés avec de la tôle un peu plus mince que celle du type,
ils pèsent en moyenne 220 grammes de plus que le type ; cet excédent est obtenu par une masselotte de plomb coulée à l'intérieur et
de soudures fortement prononcées inutilement. »

MM. Allez n'ont pas un seul instant songé, pour une fourniture
de 232 francs, à mettre en mouvement l'expertise qui leur était en
effet réservée, s'ils avaient voulu contester le rejet. Cette expertise
coûte fort cher. Ils n'avaient, du reste, aucun intérêt à la provoquer,
car, vis-à-vis de M. Maisonneuve, ils avaient stipulé que celui-ci
garantirait la réception.

MM. Allez n'avaient donc aucune raison pour discuter le rejet. Ils
se sont bornés, dans une lettre qui est au dossier, à écrire à M. Maisonneuve :

« Vos réservoirs ont été rejetés le 10 mai. Voici, textuellement
copiés, les motifs du refus de la Commission. Je vous prie de vouloir bien remplacer immédiatement ces réservoirs. »

Voilà le fait.

M. Maisonneuve n'a fait aucune objection, il n'a pas discuté le rejet; il a accepté de les refaire.

Je puis ajouter que Rémy, ici présent, a été de sa personne trouver M. Maisonneuve chez lui et lui a recommandé de hâter le remplacement et la bonne confection des nouveaux réservoirs.

Les réservoirs reviennent, et rien, dans leur aspect extérieur, ne peut révéler que ce soient les mêmes que ceux refusés.

Rémy, d'après les déclarations qu'il a faites, ne s'est pas borné à les regarder; il les a pesés, afin de constater s'ils présentaient encore cette différence de poids qui avait été un des motifs du refus. Il a passé la main dans l'intérieur des réservoirs pour s'assurer s'il reconnaîtrait encore des abus de soudure ou de petites masselottes de métal et il ne les a pas rencontrés. Il a donc considéré que les réservoirs étaient, cette fois, bien confectionnés et il les a présentés de nouveau à la Commission.

Celle-ci s'est réunie le 27 mai. Vous connaissez, messieurs, le résultat de ses constatations. Elle a démoli l'un des réservoirs et elle a constaté que le poids avait été obtenu par l'addition de deux feuilles de tôle galvanisée à l'intérieur de l'un des côtés. De plus, elle a constaté — ce qui est une malfaçon — qu'on avait négligé de souder ces deux feuilles sur leur entière surface et qu'on s'était borné à faire, çà et là, des points de soudure. Enfin, elle a reconnu sur les réservoirs les traces, parfaitement dissimulées d'ailleurs, de la lettre R, apposée par elle comme marque de réfus le 10 mai précédent.

Arrêtons-nous ici un moment.

Quelle est donc l'obligation de l'Administration de la Guerre lorsqu'elle refuse des objets? Elle doit en donner connaissance au fournisseur, immédiatement après le refus, afin que celui-ci puisse, dans les vingt-quatre heures, provoquer l'expertise, qui est sa garantie contre les décisions de la Commission.

Avez-vous dans le dossier la signification à MM. Allez du procès-verbal du 27 juin 1894, par lequel la Commission a refusé à nouveau les réservoirs? Non! Par conséquent, le délai dans lequel il peut saisir les experts n'a jamais couru contre lui.

Ainsi, l'Administration de la Guerre s'est mise sciemment en contradiction avec le cahier des charges.

Et remarquez, messieurs, que ce n'est pas ce point seulement qu'il importe de vous faire connaître. Jusqu'à la date du 6 août 1894, M. Allez est resté dans l'ignorance complète de l'existence de ce procès-verbal et du refus de ces trente réservoirs. Il n'en a jamais rien su.

C'est seulement à la date du 6 août qu'il a appris d'une manière indirecte non seulement que ces réservoirs avaient été refusés, mais qu'il avait été l'objet, de la part du ministre de la Guerre, d'une série de mesures dont la moins dangereuse — puisqu'elle aboutit devant vous — était une dénonciation pour fraude, et dont la plus effroyable, la plus irrémédiable, était la résiliation de son marché et son exclusion, portée à l'ordre du jour de l'armée, de toute fourniture pour l'Administration de la Guerre; tout cela sans qu'il en sût rien!

Eh bien! voyons, je viens de faire allusion tout à l'heure au droit tel qu'il résulte du cahier des charges; j'en fais bon marché.

Examinons les faits humainement, raisonnablement, sans nous prévaloir même du droit contractuel.

Voilà des hommes qui sont connus de tout Paris pour leur honorabilité, qui fournissent depuis vingt-cinq ans l'Administration de la Guerre à son entière satisfaction. Voilà des hommes qu'on va chercher quand on a besoin d'eux et qui refusent les commandes, quand ils ne croient pas pouvoir les bien exécuter. J'en donne un exemple tout récent; il est du 27 avril 1894. L'Administration leur écrit :

N° 1549.

Messieurs,

A l'adjudication publique du 22 décembre 1892, vous avez déposé une soumission s'élevant à la somme de 5.930 fr. pour la fourniture des ustensiles en tôle et fonte émaillée compris dans le vingt-troisième lot du cahier des charges du 21 octobre 1892. J'ai l'honneur de vous prier de vouloir bien me faire connaître *si vous consentiriez* à souscrire un marché de gré à gré, au prix de votre soumission pour la fourniture de ces objets, jusqu'au 31 décembre 1894.

Que répondent MM. Allez?

Paris, 21 avril 1894.

Monsieur NOGIER, médecin principal, chargé des magasins centraux,

En réponse à votre lettre n° 1549, nous avons l'honneur de vous informer que les difficultés existant dans la fabrication de l'émail ne nous permettent pas de nous charger de cette fourniture.

On les sait donc très consciencieux. Puis voilà que sur trente réservoirs présentés en juin on croit reconnaître une fraude de leur part. Eh bien! — je m'adresse ici à vos consciences. — Est-ce que le premier devoir n'était pas d'appeler MM. Allez, de les mettre au fait et de provoquer leurs explications?

Veuillez remarquer, messieurs, que, si l'on avait procédé ainsi, un examen de cinq minutes eût fait reconnaître immédiatement la bonne foi de MM. Allez; c'est ce qui est arrivé six semaines plus tard. Il n'a pas fallu cinq minutes à M. le juge d'instruction pour que son opinion fût faite à cet égard. L'Administration de la Guerre aurait pu s'en rendre compte, en appelant MM. Allez. Le ministère aurait pu, dès ce moment, reconnaître ce qu'il a reconnu longtemps après, le 17 novembre 1894, lorsqu'il a écrit à M. le garde des sceaux: « Je reconnais qu'en effet ce ne sont pas MM. Allez qui sont les auteurs de la fraude. » Et il aurait ainsi évité ces mesures extraordinaires et désastreuses de la résiliation des marchés et de l'exclusion des fournitures de l'armée, portée à la connaissance de tous les chefs de corps.

Qu'a-t-il fait, pendant ce temps-là? Il n'a même pas l'excuse de dire qu'il a pris sa décision *ab irato*. Le procès-verbal de refus est du 27 juin. Pendant un mois, qu'a-t-il fait? A-t-il procédé à une enquête, demandé un renseignement? Non! Rien, absolument rien!

Puis, tout à coup, le 28 juillet... Pourquoi le 28 juillet? Pourquoi pas le 28 août, le 28 octobre? Personne n'en sait rien, c'était cependant si urgent, si pressé! — Le 28 juillet, dis-je, M. le ministre de la Guerre prend une décision. Tous les marchés de MM. Allez sont résiliés. M. Allez est exclu à jamais de toute participation aux fournitures militaires. Cet ordre est porté à la connaissance de tous les chefs de corps et une lettre dénonce MM. Allez à M. le garde des sceaux et demande contre eux des poursuites correctionnelles.

Lorsque cette lettre est parvenue au garde des sceaux, il a cru sans doute que tous les faits portés à sa connaissance avaient été vérifiés par M. le ministre de la Guerre, et que les poursuites étaient impérieusement commandées par la gravité de faits certains.

Il ne pouvait pas se douter que le procès-verbal du 27 juin fût resté pendant un grand mois dans les bureaux de la Guerre, sans avoir fait l'objet de la moindre information;

L'ordre d'informer a été transmis au parquet.

Mais MM. Allez sont toujours dans la plus complète ignorance. Ils ne se doutent pas que 30 réservoirs sont en souffrance; c'est seulement à la date du 5 août, par une voie indirecte, qu'ils ont eu connaissance qu'il circulait dans l'armée la note ci-jointe les concernant.

« Note de service.

» Le ministre fait connaître que, par décision du 28 juillet 1894, il a prononcé l'exclusion des sieurs Allez et fils, industriels, 1, rue Saint-Martin, à Paris, de toute participation aux adjudications des fournitures de la Guerre. »

Ah ! messieurs, il faudrait être un peintre habile pour faire comprendre l'émotion qui, à ce moment, a envahi le cœur du père et du fils, tête blanche, tête noire, tous deux honnêtes, tous deux honorables, considérés et qui tout à coup voient fondre sur eux, sans que rien les ait prévenus, cette effroyable mesure qui porte à tous les corps d'armée de France la preuve de leur indignité.

Ils ont écrit, ce jour-là, à M. le Ministre de la Guerre. Et j'ai eu la douleur, à l'audience dernière, d'entendre mon honorable contradicteur, Mᵉ Danet, dire qu'ils avaient adressé à M. le Ministre une lettre suppliante, mais que le ministre inflexible avait maintenu sa décision. Je l'ai adjuré de lire la lettre. Il l'a lue ; vous allez en entendre une seconde fois la lecture, maintenant que vous connaissez les faits.

Paris, le 6 août 1894.

A Monsieur le général Mercier, Ministre de la Guerre.

Monsieur le Ministre,

Nous venons d'apprendre, d'une manière détournée, que, par décision du 28 juillet dernier, notifiée à tous les chefs de corps, nous avons été déclarés exclus de toute participation aux adjudications de fournitures de l'armée.

Nous ne pouvons nous empêcher, monsieur le Ministre, de vous exprimer le douloureux étonnement que nous fait éprouver une pareille mesure, prise contre nous, *à notre insu*, et portée à la connaissance de tous, *sans même que nous en ayons été personnellement avisés*.

Depuis près de quatre-vingts ans, la Maison Allez, fondée et toujours dirigée par notre famille, a participé aux adjudications de la Guerre, de la Marine et de la Ville de Paris, sans que jamais il se soit élevé contre elle le moindre reproche ; pas plus aujourd'hui qu'autrefois, nous ne pouvons être accusés de manquer sciemment à aucun de nos devoirs. Aussi, nous nous persuadons que c'est sur de faux rapports ou d'après des appréciations erronées qu'on vient de provoquer, de votre part, une décision tout à fait inaccoutumée et de nature à porter gravement atteinte à notre considération.

Nous vous conjurons, monsieur le Ministre, de vouloir bien nous faire connaître les circonstances qui ont pu motiver cette décision, et, confiants dans votre équité, nous ne doutons pas, qu'après avoir reçu nos explications, vous ne reveniez sur le sentiment qui l'a provoquée.

Veuillez agréer, monsieur le Ministre, l'hommage de tous nos respects.

Signé : Allez et Fils.

Je fais à MM. Allez mes compliments publics et sincères de l'indignation qu'ils ont éprouvée et de la manière à la fois ferme et respectueuse dans laquelle ils l'ont exprimée. Vraiment, ce sont là des procédés de satrape. Condamner des gens sans les entendre ! Porter contre des hommes de cette valeur une accusation de ce genre sans rien savoir, alors que, quatre mois après, on sera obligé de s'en dédire ! Briser leur marché, briser leur honneur !

Et c'est pour cela qu'on a fait la Révolution de 89 ! aux plus doux souvenirs de laquelle M. le substitut se référait à l'audience dernière en rappelant les réquisitions de souliers enlevés aux citoyens pour en doter l'armée !

La protestation de MM. Allez a réveillé les bureaux. Ils ont compris qu'au moins il était nécessaire de les informer et ils ont reçu le 7 août la lettre suivante :

Messieurs Allez et Fils,

J'ai l'honneur de vous informer qu'à la suite des faits relevés par la Commission de réception, dans sa séance du 27 juin 1894, sur les réservoirs que vous avez livrés au Magasin central du Service de santé, le Ministre de la Guerre a décidé, le 28 juillet dernier, que vous seriez exclu de toutes les fournitures du département de la Guerre et qu'un marché à vos risques et périls serait passé pour tous les lots qui vous ont été adjugés les 22 et 23 décembre 1892 et 2 février 1894.

En portant cette décision à votre connaissance, je vous informe que des décisions seront prises pour assurer l'exécution des ordres du ministre.

Signé : Le Médecin principal.

Ainsi, c'est en conséquence d'un procès-verbal du 27 juin que la mesure a été prise, mais que dit ce procès-verbal ? MM. Allez n'en savent rien ; ils l'ignorent, on a négligé même de leur en donner copie. Elle n'arrive que le 9 août : ·

Paris, 8 août 1894.

J'ai l'honneur de vous envoyer l'extrait du procès-verbal de la Commission de réception en date du 27 juin 1894, demandé par votre lettre du 7 août. Cet extrait contient les faits qui ont motivé la mesure prise à votre égard par M. le Ministre.

En voici la teneur :

SERVICE DE SANTÉ MILITAIRE

EXTRAIT du procès-verbal de la Commission de réception du 27 juin 1894.

Le 5 mai 1894, la maison Allez présentait à la Commission trente réservoirs en tôle galvanisée, qui lui avaient été commandés à la date du 2 février. L'examen de ces réservoirs a permis de constater que leur confection laissait à désirer, et que, bien que la tôle fût plus mince, le réservoir pesait cependant 220 grammes de plus que le modèle-type. Cet excédent de poids était obtenu par une masselotte de plomb coulée à l'intérieur du récipient et par des soudures très volumineuses.

Il y avait donc déjà, de ce fait, une tentative de fraude que la Commission a fait mentionner sur le procès-verbal de la séance ; elle a, en outre, fait marquer du timbre de rejet tous les réservoirs refusés.

Le 27 juin dernier, la maison Allez a représenté trente nouveaux réservoirs à l'examen de la Commission, qui a constaté que ces réservoirs étaient les mêmes que ceux qui avaient été refusés précédemment.

La lettre R dont ils avaient été marqués avait été en partie effacée par le martelage et recouverte d'une couche d'étain et de peinture. La masselotte de plomb n'existait plus et néanmoins les réservoirs avaient à peu près le même poids que le modèle-type, bien que leur tôle fût toujours sensiblement plus mince.

Après avoir fait dessouder un de ces réservoirs, la Commission a pu constater que le poids était complété par le dispositif suivant : Sur la paroi opposée à celle qui porte le robinet se trouvent appliquées deux plaques en tôle exactement de même forme que la paroi, maintenues entre elles et contre la paroi par quelques parties soudées ; mais cette soudure n'est pas suffisante pour obtenir des joints étanches sur tout le pourtour. Les vides ainsi constitués devaient nécessairement devenir, par la suite, des foyers d'infection ne pouvant être atteints par aucun procédé de nettoyage.

Enfin, pour rendre moins apparentes ces tentatives de fraude, tout l'intérieur du récipient a été enduit d'une couche de peinture, qu'une analyse pratiquée à la Pharmacie centrale a démontré être à base de blanc de zinc.

Pour copie conforme :

Le Médecin principal de 1re classe
chargé du Service des Magasins centraux,

Nogier.

Enfin, le 16 août, avec un retard tout à fait conforme aux traditions de notre Administration, parvient la lettre officielle :

Paris, le 15 août 1894.

Le médecin-inspecteur Vallin, directeur du service de santé du Gouvernement militaire de Paris, à MM. Allez et fils, 1, rue Saint-Martin, Paris.

Messieurs,

J'ai l'honneur de vous faire connaître que par décision, etc., etc...

Oui! MM. Allez sont avisés trois fois... mais lorsque tout est irrévocable depuis trois semaines. Si c'est ainsi que sont prises les mesures pour la mobilisation, cela suffit pour nous inspirer une sécurité profonde!

Ces décisions sont désastreuses et MM. Allez ne les ont pas méritées. Leurs marchés ont été résiliés et adjugés à d'autres, le 23 août, à leurs risques et périls.

Mais ce n'est pas tout.

A peine remis du coup porté par la révélation du 6 août, ils apprennent que d'autres mesures encore sont prises dont M. le Ministre ne les avait pas avisés : Une lettre du 28 juillet a saisi M. le garde des sceaux.

De cette lettre, messieurs, je ne veux relire que le dernier paragraphe parce qu'il est, à mon sens, d'une importance décisive :

« En présence de la gravité de ces faits, il m'a paru indispensable de faire aux sieurs Allez et fils application de l'article 29 du cahier des charges du 21 octobre 1892, « qui stipule que les actes consi- » dérés comme frauduleux pourront être l'objet de poursuites judi- » ciaires, le cas échéant. »

Si j'attache une importance capitale à cette lettre, c'est pour les trois raisons suivantes :

Tout d'abord, nous voyons que le ministre est obligé de se référer au cahier des charges et que, s'il demande des poursuites contre MM. Allez, c'est parce que le cahier des charges en contenait la réserve formelle à leur égard, en cas de fraude. Le ministre reconnaît par là — c'est ce que nous développerons un peu plus tard — que, si le cahier des charges ne contenait pas la stipulation que l'article 433 ou tout autre article est réservé comme une menace contre le fournisseur, il ne serait pas possible de l'appliquer.

En second lieu, je fais remarquer que les faits relevés par M. le ministre de la Guerre sont dénoncés au point de vue de la fraude personnelle imputée à MM. Allez : oblitération de la marque de refus, dissimulation de la marque, représentation d'objets déjà refusés, en parfaite connaissance de cause; tous faits personnels et volontaires qui seuls déterminent le ministre de la Guerre, en présence de la gravité de ces actes.

Enfin, la troisième observation est la suivante : A la date du 28 juillet 1894, M. le Ministre de la Guerre ne s'est encore aperçu d'aucun préjudice et d'aucun retard. J'en tirerai les conséquences un peu plus tard.

L'instruction est ouverte le 10 août. MM. Allez sont interrogés. Ils disent au juge d'instruction, dès le premier jour, — ils n'ont pas été rappelés, ils n'ont pas été interrogés deux fois — tout ce qui s'est passé. Ils représentent leur commande à la maison Maisonneuve, la lettre à lui adressée après le refus et dans laquelle ils lui commandent de remplacer les réservoirs. Voilà la justification la plus éclatante de leur bonne foi. Voulez-vous mieux ? M. Maisonneuve est payé ; voici sa facture datée du 19 avril 1894, avant le premier refus :

« Facture de 204 francs ».

Elle a été comprise, le 30 avril, dans une facture générale, au pied de laquelle est l'acquit de la maison Maisonneuve. Et voici le chèque payé qui nous est revenu par notre banquier, ce qui prouve que nous avons bien payé M. Maisonneuve.

Les faits étant ainsi précisés en ce qui touche MM. Allez, on interroge M. Maisonneuve. Il répond et se disculpe; il déclare qu'il n'a jamais eu d'intention frauduleuse, mais il reconnaît les faits.

On interroge Maurel; il se disculpe à son tour, mais en ce qui nous concerne, les faits sont certains.

Enfin, on commet M. Lecœur, expert. Il arrive à la conclusion qui était déjà celle de M. le juge d'instruction, avant que M. Lecœur la lui eût suggérée :

« Il résulte de ce que nous venons d'exposer que Maisonneuve a trompé Allez, mais il paraît certain qu'Allez n'a pas eu connaissance de cette tromperie. Il est impossible d'admettre que le chef d'une maison de l'importance de la sienne puisse voir successivement par lui-même tous les objets qu'il vend. Il est obligé de s'en rapporter à ses employés, etc. »

MM. Allez doivent donc être mis hors de cause, c'est l'évidence, et dès le 25 août, il était certain que MM. Allez se verraient disculpés par une ordonnance de non-lieu.

Ici, permettez-moi, messieurs, de faire une très courte allusion aux affaires de chantage.

Dans l'esprit de quel homme intelligent entrera-t-il que MM. Allez aient cru nécessaire de faire un sacrifice, fût-il de 50 centimes, pour cacher au public — si jamais le public avait à connaître des affaires de ce genre, portant sur trente réservoirs d'une valeur de 240 francs ! — pour cacher, dis-je, au public leur participation à cette affaire ? Est-ce que le débat public, auquel ce procès pouvait donner lieu, n'aurait pas fait éclater leur parfaite innocence ? Avaient-ils intérêt à empêcher les journaux de dire tout ce qui aurait pu passer par la tête de leurs rédacteurs, ou ce qui semble utile à leur cause, soit qu'ils développent une thèse de politique générale, soit qu'ils combattent en faveur de tel ministre ou contre tel autre ?

MM. Allez avaient-ils à s'inquiéter de cela ? Avaient-ils à se mêler de la polémique des journaux et à donner un centime pour écarter d'eux le calice ? Il n'y a rien que d'honorable pour eux.

Ici le non-lieu était certain. Mais il y a des coïncidences extraordinaires dans la vie. Le jour où, pour MM. Allez, pour le juge d'instruction, pour tout le monde, leur mise hors de cause était certaine, le jour même du rapport de M. Lecœur — 28 octobre 1894, — à l'heure où, par conséquent, cette affaire était destinée à ne jamais voir le jour, à ne jamais occuper le public, il s'est trouvé un journaliste, qui a inséré dans son journal, le *Courrier Républicain*, un petit entrefilet, ne nommant personne : « On parle depuis quelque temps d'une très grosse et très vilaine affaire de fraude de la part de la Maison des frères X. On dit que cette affaire ressemble à s'y méprendre à celle d'Hémerdinger et Sardat. »

Aussitôt, tous les journaux reproduisent l'entrefilet, et voilà la balle lancée. Il y a donc une grosse affaire, une très grosse affaire ; et on annonce que toutes sortes d'efforts essayent de l'étouffer. Quelques jours après, pour corser l'affaire, on ajoute que MM. Allez font les plus actives démarches pour l'empêcher d'éclater.

Peu à peu on les nomme. On fait part au public de leurs prétendues démarches au Ministère de la Guerre ; le nom de M. Dupuy, président du Conseil, que MM. Allez ne connaissent pas, qu'ils n'ont jamais vu, est jeté dans le débat ! Des journaux défendent M. le Ministre de la Guerre, déclarent qu'il est inadmissible qu'il cède, qu'il est trop énergique et qu'il a trop le souci des intérêts de l'armée pour céder.

En un mot, cette affaire, qui aurait dû rester dans le cabinet du juge d'instruction, est livrée à toute la malignité des partis et mes malheureux clients subissent cette situation effroyable sans pouvoir même se défendre.

Puis, les choses changent encore de face. Ce ne sont pas seulement des influences que MM. Allez ont mises en œuvre : ils auraient été l'objet de véritables chantages ; ils ont dû, dit-on, donner des sommes énormes ; mais tous leurs sacrifices, ajoute-t-on, ne les sauveront pas.

A partir de ce moment, il est certain que l'affaire ne pouvait plus se dénouer par un non-lieu. M. le Ministre de la Guerre ne pouvait plus admettre, après les commentaires dont elle avait été l'objet, que l'affaire ne vît pas le jour ; il a donc fallu chercher un moyen de vous en saisir. A côté de M. le Ministre de la Guerre, qui a le souci de sa dignité, de son patriotisme, que nous respectons profondément, il y a les bureaux du Ministère de la Guerre.

Croyez-vous que ces bureaux aient vu, avec satisfaction, que le public allait être initié à la manière dont on traite les fournisseurs ? Croyez-vous que les bureaux ne se sont pas, avec effroi, rendu compte de la cruauté odieuse du procédé dont MM. Allez avaient été victimes, en gardant secrets pour eux, pendant plus d'un mois, les faits constatés par la Commission de réception, sans leur demander un mot d'explication en brisant leur marché, en portant atteinte à leur honneur, en les dénonçant à la Justice, alors qu'il avait suffi de quelques explications fournies au Juge d'instruction pour les disculper? Croyez-vous qu'ils ne se sont pas eux-mêmes inquiétés des conséquences du laissé pour compte à MM. Allez, du résultat de la réadjudication faite à leurs risques et périls? Croyez-vous qu'ils ne devinent pas les réflexions sérieuses qu'une telle conduite inspirera aux fournisseurs honnêtes, sur le danger qu'il y a à tomber un mauvais jour, à une heure douteuse, entre les mains d'une Commission de réception?

Ah! c'est là la question délicate. Depuis longtemps on fait des affaires, le plus honnêtement du monde, avec le Ministère de la Guerre, et, tout à coup, parce qu'il y a un intérêt politique en jeu, voilà le traitement qui peut surprendre un fournisseur, le plus honorable du monde! Il peut être livré pendant des semaines, pendant des mois, à la malignité publique; et le jour où la mauvaise livraison a été constatée, on ne l'a même pas appelé pour lui permettre de se défendre!

Il ne faut pas croire que les fournisseurs accepteront facilement de pareils procédés. J'ai entendu M. l'avocat de la République dire que les fournisseurs honnêtes ont séparé leur cause de celle de MM. Allez. Mais savaient-ils alors ce qui s'était passé? Aujourd'hui leurs yeux sont fixés sur cette audience, ils écoutent, ils se demandent ce qui les attend si, au moment de la livraison, ils tombent sur un jour où le Ministère ou ses bureaux ont besoin de faire de l'énergie pour répondre à des difficultés sans aucune corrélation avec leurs fournitures.

Voilà qui est grave!

Il a donc fallu que l'affaire suivît son cours. Mais, comment faire? Est-ce que les magistrats devant lesquels nous avons l'honneur de plaider, que nous aimons et respectons, se prêtent à des considérations tirées de la politique et des partis ? Ils ne connaissent que leur conscience et ce n'est pas pour couvrir M. le Ministre de la Guerre que le parquet aurait envoyé en police correctionnelle des hommes démontrés innocents.

Il fallait en sortir cependant. C'est alors qu'on a adressé à M. le Ministre de la Guerre, à la date du 16 novembre, une lettre dans laquelle on lui fait connaître les résultats de l'instruction, en l'avertissant toutefois qu'il dépendait de lui de faire revivre la poursuite sous une autre forme en invoquant l'article 433 du Code pénal, — car cela ne dépend pas du parquet, qui ne peut pas se substituer au ministre de la Guerre, et qui n'est pas, en cette matière, le maître de l'action publique. Le ministre de la Guerre seul peut la mettre en mouvement et en prendre la responsabilité.

Le ministre répond le 17 novembre ; il demande les poursuites et nous avons vu depuis, par le langage tenu à cette audience en son nom, qu'il en revendique la responsabilité et qu'il s'en fait gloire ; il avait pressenti les éloges dont quelques-uns ont salué sa fermeté.

M. LE PRÉSIDENT. — Maître du Buit, vous allez un peu loin en prêtant ces sentiments à M. le Ministre de la Guerre. La première plainte a été portée le 28 juillet, et, à cette date, la presse ne s'était pas encore emparée de l'affaire.

Mᵉ DU BUIT. — J'y arrive, Monsieur le Président. Les préoccupations qui sont dans votre esprit existent également dans le mien.

Et alors M. le Ministre de la Guerre a écrit, le 16 novembre 1894, une lettre qu'il convient d'examiner de près.

En réponse à votre dépêche du 16 du mois courant, j'ai l'honneur de vous faire connaître, comme suite à ma lettre du 28 juillet dernier, que la dénonciation *qui y est contenue* a trait non seulement à la fraude commise sur la qualité de la chose fournie... (Code pénal, art. 433, § 2), mais aussi à la négligence ayant déterminé des retards dans les livraisons. (Art. 433, § 1ᵉʳ.) En effet, si la fraude n'est pas l'œuvre des sieurs Allez, du moins ces fournisseurs se sont rendus coupables d'une négligence grave en ne surveillant pas eux-mêmes la réception de la commande qu'ils avaient fait exécuter par un tiers et ils ont obligé ainsi l'Administration de la Guerre à passer un marché par défaut, à leurs risques et périls, ce qui a eu pour conséquence de retarder jusqu'au 26 novembre le délai de la livraison que le marché avec lesdits sieurs Allez avait fixée au 4 juin.

Cette lettre dit-elle la vérité tout entière?

Non, elle ne la dit pas, elle la déguise, et il suffit, pour le reconnaître, de mettre en face de la lettre que je viens de lire le texte de la lettre du 28 juillet. Voici cette lettre :

En présence de la gravité de ces faits... — de fraude et de tromperie — il m'a paru indispensable de faire aux sieurs Allez et fils application de l'article 29 du cahier des charges, qui stipule que les actes considérés comme frauduleux pourront être l'objet de poursuites, le cas échéant.

On n'avait donc pas alors visé le retard, et on ne le fait dans la lettre du 17 novembre que pour faire illusion.

Mais M. le Procureur général aurait-il pu laisser passer cela? Comment aurait-il laissé passer ce fait que, dans la lettre du 28 juillet, M. le Ministre de la Guerre aurait déjà visé le retard? Comment aurait-il laissé passer qu'on avait dû adresser une nouvelle invitation à M. le Ministre de la Guerre précisément parce que sa première dénonciation ne visait pas le retard et la négligence, mais seulement la fraude?

Voici la lettre de M. le Procureur général à M. le Procureur de la République :

En réponse à votre dépêche du 13 de ce mois, je m'empresse de vous transmettre la copie d'une lettre adressée à M. le Garde des Sceaux par M. le Ministre de la Guerre relativement à l'information ouverte pour fraude dans une fourniture destinée au service de santé de l'armée. Ainsi que vous le verrez, M. le Ministre de la Guerre *dénonce* la négligence.....

Allons, il ne l'avait donc pas dénoncée au mois de juillet...

..... Dénonce la négligence de la maison Allez, qui a eu pour effet de retarder la livraison. Je vous prie de donner à la plainte de M. le Ministre de la Guerre la suite qu'elle comporte et me tenir informé du résultat de vos diligences.

Voilà le langage de M. le Procureur général, qui n'admet pas qu'il soit dit que, dès le 28 juillet, M. le Ministre de la Guerre avait dénoncé à la justice le retard, alors que le contraire était certain.

Le Parquet, le juge d'instruction auraient donc passé sur cette dénonciation sans la voir? Non ! ils ont instruit sur la dénonciation de fraude. Ne trouvant pas la fraude, ils disent à M. le Ministre de la Guerre : Voyez si vous voulez poursuivre pour négligence. Et alors, M. le Ministre de la Guerre essaie de dire que, dès le 28 juillet, il a averti de la négligence. Non, dit la lettre de M. le Procureur général; la négligence et le retard sont dénoncés aujourd'hui, mais cela suffit. Et il prescrit d'informer sur la plainte.

L'instruction n'a pas traîné. C'est à la date du 20 novembre qu'est signé le réquisitoire nouveau :

« Vu la lettre du 17 novembre 1894 de M. le Ministre de la Guerre, comme suite à sa dénonciation du 28 juillet, relevant à la charge des sieurs Allez le délit d'avoir par négligence retardé la livraison de fournitures, sans que le service ait manqué; vu l'article 433 du Code pénal, requiert le juge d'instruction d'informer. »

L'instruction s'est faite très vite. Le réquisitoire est du 20 novembre; les témoins et les inculpés ont été rapidement entendus, le 23 novembre; le 26 novembre, M. le substitut du Procureur de la République dresse un long réquisitoire de cinquante-une pages, et l'ordonnance est rendue le même jour. Donc, en six jours, nous avons eu l'instruction, le réquisitoire et l'ordonnance qui vous saisit.

Voilà l'affaire. Pas de reproche à M. le Garde des Sceaux; pas de reproche à M. le Procureur général, pas de reproche à M. le Procureur de la République, ni à l'instruction. C'est bien le procès qu'a voulu le Ministre de la Guerre. Il l'a voulu, il l'a demandé, et il l'a! Maintenant, nous allons le plaider.

Quels sont les faits relevés par la prévention?

Ces faits sont les suivants:

1° D'avoir, par négligence, retardé la livraison de fournitures sans que le service ait manqué. — (Art. 433, § 1, six mois à cinq ans de prison).

Si nous n'avions à nous expliquer que sur ce point, ce serait vite fait. Mais, nous sommes appelés à nous expliquer sur une autre prévention, qui motive une discussion plus longue.

2° MM. Allez père et fils sont inculpés — ici, messieurs, tous les mots portent — « d'avoir *participé à une fraude* sur la qualité et la quantité des choses vendues, » et cette participation est caractérisée par deux faits. Veuillez le remarquer, ce ne sont pas deux faits alternatifs, exclusifs l'un de l'autre, mais les deux branches d'un même moyen, comme on dit à la Cour de Cassation.

Premier fait: « en ne surveillant pas la fabrication d'un tiers; » deuxième fait: « en présentant personnellement des objets déjà refusés une première fois. »

Ce deuxième délit, visé spécialement par le réquisitoire est également puni par l'article 433 du Code pénal (six mois à cinq ans de prison).

Je vous demande la permission d'examiner d'abord cette seconde partie de la prévention et de réserver pour la fin l'examen de la prévention de négligence et de retard.

Cette seconde partie, en effet, est fondée sur une théorie de droit pénal tellement nouvelle, tellement extraordinaire qu'elle mérite un examen approfondi.

Selon le ministère public, et il faut ici bien résumer sa thèse, il existe, par exception, un délit pour lequel il n'est pas nécessaire de prouver l'intention frauduleuse; pour lequel, chose plus extraordinaire encore, la bonne foi prouvée du prévenu ne lui sert d'aucun secours pour écarter la peine.

Par exception, dans cette matière particulière, — c'est du moins la thèse qui a été soutenue, — toute faute contractuelle, tout manquement aux prescriptions du marché est un délit. Par conséquent, il n'y a pas à rechercher si c'est intentionnellement que le fournisseur a manqué à ses obligations; du moment qu'il y a manquement constaté, le tribunal est obligé de punir, à moins que ce fournisseur ne prouve qu'il a dû céder à un cas de force majeure.

Je vais m'efforcer de combattre cette thèse générale, et je suis persuadé que je puis le faire avec les lumières de la discussion juridique, avec les travaux préparatoires du Code pénal, et avec la jurisprudence, très rare, il faut le reconnaître, mais extrêmement précise.

Permettez-moi d'abord une observation. Je lis dans le réquisitoire et dans l'assignation un mot qu'on n'est pas habitué à rencontrer dans les documents de l'instruction criminelle.

Voici ce mot : « *participation à une fraude* ». Qu'est-ce que cela veut dire? Ce n'est pas un terme de la langue pénale. La langue juridique a sa précision : Celui qui participe à un délit a un nom dans la loi répressive, c'est un complice. Or, il est de doctrine, de jurisprudence non contestée, que pour mériter la qualification de complice, il faut avoir aidé en connaissance de cause, il faut avoir agi sciemment, il faut avoir pris part sciemment au délit. Reportez-vous aux articles 60, 61 et 62 du Code pénal; vous y verrez développée cette doctrine salutaire, que je n'ai pas besoin d'exposer à nouveau.

L'innocent qui a servi à la perpétration d'un délit en est complètement indemne parce qu'il n'y a pas participé en connaissance de cause.

Or, la bonne foi de MM. Allez est proclamée. Elle ne peut pas être plus complète. Peuvent-ils être pénalement les participants de la fraude ? Peuvent-ils être pénalement poursuivis, condamnés pour avoir participé, sans le savoir, à une fraude quelconque ? Selon moi, ces mots jurent l'un avec l'autre, et il faut en revenir, en laissant de côté les termes de l'ordonnance du réquisitoire et de l'assignation « participation à une fraude », à une thèse toute différente. C'est celle qui a été développée à l'audience par le ministère public : toute faute contractuelle est un délit.

A la bonne heure ! mais il ne faut plus parler de la participation à la fraude. Que MM. Allez y aient participé ou non, que Rémy, que Maisonneuve aient fait ou n'aient pas fait leur devoir, le ministère public ne s'en inquiète plus. Il dit à MM. Allez : « Vous étiez chargés de fournir ; si vous aviez fourni, pas de délit ; si vous fournissez mal, délit. Si, même sans vous en douter, vous représentez des objets déjà refusés, délit. »

Voilà ce qu'il faut que le ministère public fasse admettre.

Comment y arrive-t-il ? Il s'efforce d'y parvenir par une première formule assez curieuse. MM. Allez sont coupables de ne pas avoir surveillé les objets fabriqués par un tiers.

Sous cette forme un peu trop concrète, on ne comprend pas l'incrimination, puisque le défaut de surveillance d'un tiers n'a jamais passé pour un délit. Il faut en quelque sorte désarticuler le délit prétendu. Voici en réalité le reproche du ministère public : Vous avez commencé par commettre une première faute, vous avez contrevenu au traité en cédant votre marché, en confiant son exécution à un tiers. C'est une faute contractuelle. Après avoir commis cette faute contractuelle, il fallait au moins surveiller plus étroitement votre cessionnaire et vous deviez apporter tous vos soins à vérifier la régularité de la fourniture. Vous ne l'avez pas fait, et, par suite de cette absence de surveillance, votre sous-traitant a mal fourni. Vous êtes responsable.

C'est bien la thèse qui a été soutenue.

Examinons l'une et l'autre branche de ce syllogisme.

Est-il vrai que MM. Allez aient commis une faute contractuelle en commandant à M. Maisonneuve les trente réservoirs dont il s'agit ?

Ils n'ont commis aucune faute contractuelle, car le marché ne leur a jamais interdit de commander à un tiers l'exécution des objets à fournir. L'article 29 du cahier des charges contient bien une interdiction, mais elle est toute différente. Lisons l'article 29.

« La même mesure serait prise si l'adjudicataire n'exécutait pas lui-même la fourniture, et s'il venait par suite à concéder à qui que ce soit l'exploitation de tout ou partie de la fourniture qui lui est dévolue. »

Qu'est-ce que cela veut dire ? Nous le savons, et M. le Ministre de la Guerre le sait également. Il peut arriver qu'un adjudicataire, pour tirer un parti immédiat d'un marché avantageux, reçoive de l'un de ses concurrents de la veille l'offre de lui verser une somme déterminée, proportionnée à l'importance de l'affaire, pour qu'il lui cède l'exécution de la fourniture, en restant, bien entendu, le titulaire apparent du marché. Le cessionnaire devient alors le mandataire apparent du fournisseur, sous le nom duquel il exécute le marché et en réalise les bénéfices ou les pertes.

Voilà le sous-marché occulte dont l'Administration de la Guerre ne veut pas et elle a bien raison; elle ne tolère pas qu'un fournisseur serve de prête-nom à un tiers.

Mais cette phrase de l'article 29 du cahier des charges interdit-elle à MM. Allez de faire fabriquer matériellement par un tiers telle ou telle partie de la fourniture? Non.

Je vous ai lu l'article 3 par lequel on oblige l'adjudicataire à fournir des factures authentiques pour justifier que les objets sont de fabrication française. Laissez-moi le dire, d'ailleurs, il ne faut pas supposer qu'un contrat ait demandé l'impossible. Lorsqu'on donne à un entrepreneur la fourniture d'une telle variété d'articles, dont il ne peut confectionner lui-même un grand nombre, il est absolument impossible de supposer qu'on ait exigé de lui qu'il les fabrique tous dans ses propres ateliers, pourquoi pas de ses propres mains? Parmi ces articles, il en est plusieurs qui sont l'objet de brevets particuliers, l'irrigateur Eguisier, par exemple. Il en est d'autres dont il doit être fourni une si petite quantité qu'il est inadmissible qu'on ait jamais songé à imposer à l'adjudicataire l'établissement à cet effet d'une installation spéciale et onéreuse. C'est donc une erreur absolue, de la part de la poursuite, d'avoir cru que MM. Allez ont manqué au marché parce qu'ils ont chargé M. Maisonneuve de la construction des réservoirs. Ils ont fait une commande qu'ils ont payée comptant. Exécutée le 11 avril, M. Maisonneuve présentait sa facture le 14, et elle était payée intégralement le 30 avril. Non, de ce chef, MM. Allez ne peuvent pas avoir commis une infraction au marché.

S'ils n'ont pas commis cette infraction préliminaire qui rendrait la seconde possible, peut-on les poursuivre pour n'avoir pas surveillé M. Maisonneuve? C'est impossible? S'ils n'ont pas surveillé M. Maisonneuve, c'est à eux-mêmes qu'ils ont causé préjudice. Ils lui ont payé les trente réservoirs supposés livrables, mais qui ont été refusés : M. Maisonneuve, en honnête homme, leur a rendu l'argent depuis, mais il était payé et il pouvait ne pas rendre. Si une négligence a été commise, c'est contre eux-mêmes que MM. Allez l'auraient commise. Comment pouvez-vous dire alors qu'ils n'aient pas apporté tout le soin désirable; ils ont donné le même soin qu'à leurs autres affaires; et ils ont encouru toutes les conséquences civiles de la présentation et du refus des objets.

Sur ce premier point, pas l'ombre d'un doute; il ne peut pas y avoir de difficulté. D'ailleurs, s'il fallait une justification, je l'aurais dans la présentation au tribunal — que nous avons obtenue grâce à lui — de ces réservoirs qui ont été refusés par l'Administration après avoir été acceptés par nous.

Je suis convaincu, quant à moi, que personne ne soutiendra, ayant les objets sous les yeux, qu'il était possible de s'apercevoir à l'extérieur de leur maquillage, la peinture était exactement semblable sur toute la surface; et, quand on passait la main à l'intérieur, on ne percevait la trace d'aucune lettre effacée; en un mot ces réservoirs apparaissaient, comme étant établis et confectionnés dans les meilleures conditions.

Abordons la seconde partie du délit, non pas le retard, mais le délit résultant du fait matériel de représentation d'objets antérieurement refusés.

C'est ici que se développe dans toute sa pureté la thèse du ministère public. Vous vous étiez engagés, dit-il à MM. Allez, à ne jamais représenter des objets refusés. Vous l'avez fait. Peu importe de savoir par quel concours de circonstances vous avez été amenés à les représenter. C'est votre affaire et non celle de l'Administration. Elle ne savait pas que vous aviez affaire à M. Maisonneuve. Elle n'a traité qu'avec vous, elle n'avait confiance qu'en vous ; vous avez représenté des objets refusés une première fois. C'est vous qui êtes responsables.

Civilement responsables ! Je suis ici tout à fait de l'avis du ministère public. Reste la question de savoir s'ils le sont pénalement.

La thèse du ministère public est-elle vraie ? Messieurs, nous avons en lui un adversaire qui, comme toujours, plaide avec une entière loyauté. Il reconnaît avec nous que, si sa thèse est vraie, il faut admettre qu'elle est une exception et une exception unique en matière de législation pénale.

Jusqu'à présent, la législation française se faisait honneur d'être une législation philosophique, une législation de principe, de ne jamais poursuivre, en matière pénale, que l'intention criminelle et de s'arrêter chaque fois que l'intention criminelle était absente.

Or, à en croire le ministère public, nous serions ici dans une matière où, l'intention criminelle peut être absente sans que le délit disparaisse et où, pour une fois, les philosophes spiritualistes qui ont créé le Code pénal auraient admis que la raison d'État pût l'emporter sur la raison, sur le sens commun.

Mais le ministère public s'appuie surtout sur les conséquences désastreuses du système qui invoque les principes.

Reprenant certaines paroles échangées au cours des travaux préparatoires, il nous montre une armée en campagne, une armée qui porte avec elle, dans les plis du drapeau, les destinées de la patrie; il la voit, à la veille d'une bataille décisive, réduite à l'impuissance, parce qu'un misérable n'a pas livré les subsistances ou les munitions nécessaires. Et il nous demande s'il est possible que des questions d'intention arrêtent la vengeance publique. Il faut : « Commencer par égorger la victime ! on verra plus tard si elle a commis une faute ou si elle a été victime des circonstances ! »

Eh bien, je veux un instant admettre cette argumentation, je veux l'accepter comme concluante ; — a-t-elle été sanctionnée par le législateur ? Si le législateur l'a édictée, ce sera à nous de voir si nous voulons continuer à vivre dans un pays que régiraient de pareilles lois. Mais l'a-t-il proclamée loi de l'État ?

Je veux dire, messieurs, par là que ce n'est pas à vous à peser des considérations de ce genre. Les trouvassiez-vous formulées avec une précision concordante dans les travaux préparatoires, exprimées par un grand génie comme Napoléon Ier ou par les Papiniens modernes, cela ne les transformerait pas en loi. Ce ne sont pas des phrases, ce ne sont pas des considérations législatives que vous appliquez dans vos jugements, ce sont des textes.

Avons-nous d'abord un texte ? Non seulement le ministère public n'en produit aucun, mais il ne peut en produire aucun. Il est même obligé de détruire celui qu'il invoque. Il est obligé de le reconnaître. L'article 433 vise spécialement la *fraude* et ne permet de poursuivre qu'en cas de fraude. Mais il propose de changer cet article, en raison de l'intention présumée du législateur et de substituer le mot « faute » au mot « fraude ».

Voilà, messieurs, l'effort extraordinaire que le ministère public attend de vous. Il vous demande de modifier le texte positif, pour vous conformer à l'esprit — au moins douteux — de la loi.

Ma première critique est donc justifiée; en voici une autre d'une portée plus saisissante :

Je me fais fort de démontrer qu'en suivant le ministère public, le tribunal violerait non seulement le texte, mais encore l'esprit de la loi.

Il y a un titre spécial au Code pénal, intitulé « des délits des fournisseurs ». Il contient quatre articles. Ces quatre articles forment un tout, sous une rubrique distincte, s'appliquant à une catégorie particulière de citoyens ; ces quatre articles sont tous solidaires les uns des autres. Le législateur, ne pouvant pas se répéter à chaque instant, a placé dans ces quatre articles les principes de la matière. Ces principes, quels sont-ils ?

Lisons le texte de ces quatre articles, nous les commenterons ensuite.

L'article 430, celui qui domine tout le titre, s'explique de lui-même : Il ne faut pas que le service manque et, quand le service a manqué, le fournisseur chargé de ce service est présumé en faute. Cette faute, en raison de la gravité de ses conséquences, devient un crime, et le fournisseur sera puni de la réclusion.

Ce manquement du service peut se produire de trois manières : ou par défaut total de livraison, ou par retard de la livraison, ou par livraison de marchandises frauduleuses impuissantes à satisfaire les besoins de l'armée. Voilà les trois manières qu'a un fournisseur de faire manquer le service : pas de livraison, retard, ou livraison frauduleuse.

Quel que soit le mode par lequel le service a manqué, quand le service a manqué, le fournisseur sera tenu pénalement, à moins qu'il ne prouve qu'il n'a pas pu faire autrement, c'est-à-dire qu'il a été contraint par une force majeure. Voilà l'article le plus sévère, le cas le plus grave.

Que dit donc la loi dans ce cas-là? Est-ce qu'elle punit la faute contractuelle, par cela seul qu'elle est une faute contractuelle? Pas du tout! Elle punit la faute imputable, quand la faute imputable ne serait qu'une faute de négligence, mais il faut une faute.

Cela est si vrai que l'article 431 ajoute immédiatement après : Si le service a manqué par le fait des agents, ce sont les agents qui sont punis et non le fournisseur; et, s'il a manqué par leur fait, par leur faute commune, ils seront punis tous les deux.

Il n'est pas possible de montrer d'une manière plus claire, plus évidente que, malgré la rigueur apparente des termes de l'article 430, il faut une faute, il faut que le service ait manqué par une faute, et non pas seulement par un fait matériel, la constatation d'un défaut de livraison, d'un retard, ou d'une mauvaise livraison d'objets inutilisables, mais par une faute personnelle, imputable. A tel point que si le fournisseur — que l'Administration connaît seul, qui seul est civilement responsable vis-à-vis d'elle, et qui portera la peine civile, — démontre que ce n'est pas lui, mais son agent qui a commis la faute, il est absolument indemne.

Votre théorie s'écroule donc tout entière puisque, même pour la faute la plus grave, même quand le service a manqué, le législateur admet qu'il y aura lieu de peser la faute et que, si le fournisseur prouve que c'est son agent et non pas lui qui l'a commise, l'agent seul est puni.

Nous arrivons ici à l'article 433. Que vise cet article ? Il vise exactement les mêmes cas que l'article 430 : le défaut de livraison, le retard, les marchandises frauduleusement livrées, et il prononce les mêmes peines. Seulement, comme il suppose que le service n'a pas manqué et que, par suite, l'événement qui fait la gravité du premier cas, ne s'est pas produit, la peine, au lieu d'être la peine criminelle de la réclusion, sera une peine correctionnelle, punissant un simple délit. Il est vrai que la peine est encore très sévère, puisqu'elle peut aller jusqu'à cinq ans de prison.

N'y a-t-il que cela dans l'article 433? Non, messieurs; et, pour tout esprit un peu investigateur, il y a une disposition entièrement différente de celle de l'article 430; il y a un renversement de la preuve.

Aux termes de l'article 430, il n'y a qu'à constater, vis-à-vis du fournisseur, que le service a manqué. C'est alors à lui de prouver qu'il n'est pas coupable, c'est à lui de se dégager de la présomption de culpabilité qui pèse sur lui par le fait du manquement du service. L'*onus probandi* est à sa charge.

Au contraire, dans l'article 433, le service n'a pas manqué, on n'est pas en présence de ce fait matériel qui saisit la conscience et qui contraint le fournisseur à prouver son innocence.

Bien que le service n'ait pas manqué, qui cherche-t-on à poursuivre? Celui qui aurait pu faire manquer le service. Il n'a pas dépendu de lui que le service n'ait pas manqué, il a eu de la chance. On va lui demander compte de cette chance, qui lui a évité de tomber sous le coup de l'article 430.

On lui dit : Oui, le service n'a pas manqué, mais vous avez été négligent, ou bien, la marchandise livrée est frauduleuse. Mais alors, comme ce n'est pas un fait matériel qui saisit le juge, il faut que ce soit un fait personnel qui justifie la poursuite. Et la charge de la preuve appartient non plus à celui qui doit se disculper, mais à celui qui recherche le *consilium fraudis* ou la négligence que le fait matériel n'a pas démontrée.

Par conséquent, nous avons le droit de vous dire : établissez le fait du retard, le fait de la négligence! Établissez la fraude !

Car, vraiment, comment admettre que le législateur ait entendu punir de cinq ans de prison le seul fait de livraisons non conformes aux échantillons. Si une législation contenait une disposition pareille, elle serait mise au ban de l'Europe.

Jamais la nôtre n'a rien dit de semblable. Croyez-vous qu'il faille torturer les textes et soutenir que le mot « faute » doit être substitué au mot « fraude »? Il suffit, messieurs, d'avoir l'habitude de discuter les textes pour comprendre que si le mot « fraude » ne voulait pas dire « fraude » il ne signifierait rien du tout.

Suivez un instant ce raisonnement élémentaire.: Je suppose que la thèse du ministère public soit vraie, que toute faute contractuelle soit une faute punissable pénalement.

Comment le législateur aurait-il rédigé l'article 433. Se serait-il ingénié à y introduire le mot « fraude » ?

Non ! puisque tout à l'heure il a puni la simple négligence, lorsqu'il s'agit d'un retard, il punira aussi la négligence lorsqu'il s'agit de fournitures et il dira : « On sera coupable pour s'être négligé en matière de retard ou pour s'être négligé quant à la qualité ou à la quantité des marchandises fournies. »

Il n'aura pas la pensée de parler de la fraude, si c'est la négligence qu'il veut atteindre.

Vous dites : « Toute faute est punie par la loi. » Mais alors il faut changer la loi, car elle vous impose de prouver la fraude.

Si la thèse du ministère public était vraie, nous connaissons assez la compétence des rédacteurs du Code pénal, des Treilhard, des Portalis, pour savoir qu'ils auraient trouvé une formule pour rendre exactement leur pensée. Ils auraient dit : « En matière de fournitures militaires, toute faute contractuelle est un délit. » Et les fournisseurs auraient vu, dans ce cas, s'il leur convenait de devenir adjudicataires de fournitures militaires.

J'ajoute que les travaux préparatoires auxquels il ne faut jamais se référer qu'avec beaucoup de discrétion, car ce sont des émissions successives d'opinions, des conversations entre hommes très éclairés et très au fait des matières qu'ils traitaient — j'ajoute que les travaux préparatoires ne sont nullement en contradiction avec l'opinion que je viens de soutenir.

M. l'avocat de la République en a cité d'assez nombreux passages. J'en ai relevé d'autres, qui n'ont pas été cités par lui et il se trouve justement que ce sont précisément ceux que j'ai le plus d'intérêt à faire passer sous les yeux du Tribunal.

C'est le comte de Ségur qui dit à la première séance du Conseil d'État :

« Cependant, il est juste de mettre une différence entre celui qui ne fournit point et celui qui fournit des choses de mauvaise qualité. »

Et Treilhard répond que « l'article est juste ; il ne frappe pas indistinctement les fournisseurs en défaut, mais seulement *ceux qui ne peuvent pas justifier de leur bonne foi* ».

A la bonne heure ! Je retrouve Treilhard ! C'est clair. Comment un jurisconsulte aussi éminent eût-il pu admettre qu'en matière pénale la bonne foi est indifférente ?

Voici ce que dit encore le comte Berlier à la seconde séance — passage non cité au réquisitoire :

« Quant aux peines, elles peuvent avoir plus ou moins d'efficacité et, en les établissant pour la répression des méchants, il ne faut pas qu'elles éloignent les bons, en leur inspirant la crainte de se les voir appliquer ; et la ligne qui sépare, en cette matière, le bien du mal sera quelquefois fort délicate à saisir. »

J'ajoute ce dernier passage, que je répète : « l'État ne connaît pour les réparations civiles, que ceux avec qui il a traité. La loi pénale ne peut atteindre que ceux qui ont commis le délit. Ainsi, si le fournisseur prouve, soit qu'il a envoyé des fonds, soit qu'il a fait toute diligence suffisante envers son sous-traitant, celui-ci sera seul punissable...

Je pourrais citer d'autres textes des travaux préparatoires ; j'invoque aussi l'opinion de Garault, qui déclare qu'en cette matière il faut prouver contre le fournisseur la faute grave. J'aime mieux m'en tenir à la jurisprudence. Des faits semblables ont déjà donné lieu à l'appréciation de la justice : devant le Tribunal correctionnel de Lille, le 24 juillet 1872 ; devant la Cour de Douai, le 10 juin 1873. Ils ont été appréciés exactement comme je demande au Tribunal de les apprécier. Voici le sommaire du jugement du Tribunal de Lille, reproduit dans la *Gazette des Tribunaux* du 1er avril 1872 :

TRIBUNAL CORRECTIONNEL DE LILLE 24 JUILLET 1872

(Gazette des Tribunaux 1872, 1ᵉʳ avril).

Pour l'existence du délit de fraude sur la qualité des fournitures militaires
prévu par l'article 433 du Code pénal, il faut qu'au vice de la fourniture
pouvant nuire au service des armées vienne se joindre l'esprit de fraude
du fournisseur. Le juge du fait a la libre et complète appréciation des
circonstances qui caractérisent cet esprit de fraude.

Voici maintenant l'arrêt de la cour de Douai qui a connu de cette
affaire sur l'appel du jugement du tribunal de Lille :

ARRÊT DE DOUAI, 12 JUILLET 1873

(Gazette des Tribunaux, 73, 22 août)

Cet arrêt appliquant l'article 433, Code pénal.

« Considérant que, de tout ce qui précède, il résulte, que Meunier a frauduleusement fourni à la préfecture du Nord pour les gardes nationaux mobi-
lisés 2.000 costumes de mauvaise qualité, ce qui constitue le délit prévu et
puni par l'article 433, Code pénal, que la dame Meunier et Lober se sont rendus complices de ce fait en aidant *avec connaissance* Meunier dans les faits
qui l'ont facilité et consommé.

Sur cette première partie de la prévention, j'en ai dit assez.

Sur la seconde, la question du retard, je serai très bref.

Je fais remarquer que M. le Ministre de la Guerre ne s'est avisé que le 17 novembre 1894 de dénoncer le retard. Jusque-là, il n'en avait pas parlé, et il a fallu les événements que je vous ai fait connaître pour qu'il dénonçât le retard, pour la première fois, à la date du 17 novembre.

S'agit-il purement et simplement de constater matériellement que la livraison n'a pas été effectuée au jour dit ? Messieurs, ceci ne saurait être admis par personne, parce que, en ce qui concerne le délai préfixe de la livraison, il y a des pénalités établies, pénalités civiles, seules applicables. Pour qu'une peine qui va jusqu'à cinq ans de prison puisse être appliquée en cas de retard, il faut deux choses : il faut d'abord que le retard ait été préjudiciable, et, qu'il soit imputable à une négligence caractérisée du fournisseur.

Voilà les deux faits que le ministère public doit prouver. Je les examine rapidement l'un et l'autre. Le retard a-t-il été préjudiciable ? Y a-t-il eu une négligence quelconque de la part de MM. Allez ?

Sur le retard préjudiciable, il serait difficile de trouver une espèce plus défavorable pour M. le Ministre de la Guerre et pour le parquet. Voilà des objets d'une utilité tout à fait restreinte, ce sont des réservoirs à eau, des réservoirs à se laver les mains; s'ils étaient destinés, comme on le prétend aujourd'hui, à un autre usage on ne l'a pas dit; au marché on n'a pas prévenu le fournisseur qu'on entendait s'en servir pour les potions et les tisanes de nos soldats. Il aurait fallu tout au moins le prévenir. Il a cru que c'étaient des lavabos, et il n'y a pas attaché plus d'importance qu'aux souricières, aux pièges à rats, et autres objets commandés.

Mais même en admettant, ce qui a été révélé depuis par les débats, que ce fussent des réservoirs destinés aux ambulances, il ne faudrait cependant pas exagérer les faits et comparer l'absence de ces quelques réservoirs au manque de munitions et d'armes pour nos soldats au moment de la mobilisation. Non, jamais la mobilisation n'a couru, dé ce chef, le moindre danger. Nous en avons la preuve évidente. Tous les corps d'armée, nous a-t-on dit, sont pourvus de voitures d'ambulance, qui, toutes, possèdent leurs réservoirs ; et le magasin central, qui est chargé de pourvoir au remplacement de ceux qui viendraient à manquer, en avait tout juste six en prévision des besoins à satisfaire. Le magasin central a attendu que la provision fût tombée à ce nombre de six pour commander, en deux années, trente nouveaux réservoirs.

Comment pourra-t-on jamais faire admettre par un homme raisonnable que, dans ces conditions, il a pu se produire un retard préjudiciable, résultant de ce fait que ces réservoirs ont été livrés trois ou quatre mois plus tard ?

Ce n'est pas tout : croyez-vous que l'Administration de la Guerre en fût bien pressée ? Nullement. Elle s'est dite pressée le 17 novembre, parce qu'il y avait un intérêt capital à prétendre qu'elle avait subi un retard préjudiciable. Mais, jusque-là, il n'en était rien. En voulez-vous la preuve ? Le 27 juin, la Commission rejette pour la seconde fois les réservoirs présentés par MM. Allez ; si l'Administration avait été aussi pressée qu'elle le prétend, il n'était pas besoin de recourir à une décision de M. le Ministre de la Guerre pour faire résilier le marché et rendre une ordonnance de laisser pour compte. L'article 29 prévoit le cas.

« Toutes les fois que les commandes auront indiqué qu'il y a urgence et que les objets compris dans ces commandes ne seront pas livrés dans les délais fixés pour assurer le service, l'officier d'administration, gestionnaire du Magasin central aura la faculté de se les procurer sur place aux risques et périls de l'adjudicataire. »

Donc, pas besoin de décision ministérielle. Si, à la date du 27 juin, époque à laquelle aucun retard ne s'était produit, on avait trouvé la moindre urgence à se procurer ces réservoirs, l'officier d'adminis-

tration gestionnaire, sans autorisation, avait la faculté de commander ces réservoirs sur place sans même l'autorisation du Ministre.

Voilà les faits, voilà le cahier des charges. Qu'a-t-on fait ? Non seulement l'officier d'administration gestionnaire du magasin n'a rien
commandé, mais on n'a même pas demandé à M. le Ministre son
avis. L'affaire a traîné ; les papiers ont circulé de bureau en bureau.
Le 28 juillet seulement, on a pris une décision de principe, mais
on n'a pas le moins du monde cherché à se procurer les trente réservoirs ; ce n'est que le 23 août qu'on a passé un marché, non
pas pour les trente réservoirs, mais sur l'ensemble des articles qui
faisaient l'objet du marché primitivement intervenu avec MM. Allez.
On pouvait tout au moins lui faire la commande des 30 réservoirs
le 24 août ; on les eût reçus le 24 septembre. — Eh bien, on ne
les lui a demandés que pour le 26 novembre !

Tout cela n'est-il pas exclusif d'un retard préjudiciable quelconque ? Ne voyons-nous pas avec évidence, que M. le Ministre de la
Guerre a montré lui-même, ainsi, qu'il n'y avait eu aucun retard
préjudiciable ; car, si cet inconvénient s'était présenté, l'officier gestionnaire pouvait commander trente bidons sur place dès le 28 juin.

Et pendant tout ce temps, MM. Allez n'ont été avisés de rien !
Mais, si le 27 juin, on les avait avertis d'un besoin urgent, ils les
eussent remplacés dans les quinze jours. Aucune déclaration ne
leur a été faite, puis, on attend jusqu'au 23 août pour procéder à
la réadjudication du marché et l'on n'exige même pas la livraison
dans le délai ordinaire de trente jours.

Donc, impossible de justifier un retard.

Et la négligence ? Jusqu'à la date du 27 juin, je n'ai pas été négligent, je le suis devenu, dit-on, à cette date et on m'impute tout le
retard du 27 juin au 26 novembre.

C'est une imputation toute gratuite et démentie par l'observation
que je viens de présenter. Le 27 juin, MM. Allez, mis en demeure,
eussent procuré d'autres réservoirs, même par un autre que par eux.

On ne leur dit rien. On les laisse dans l'ignorance la plus complète.
Ils ne savent même pas que les réservoirs ont été refusés ; personne

ne les prévient; et vous voulez leur imputer un retard par négligence alors que, si on les avait avertis, l'Administration aurait obtenu ces trente réservoirs pour le 4 juillet.

Enfin, mes conclusions développent un dernier argument: Le Ministère de la Guerre n'a pas le droit de vous saisir d'une poursuite pour retard et négligence, cela lui est interdit par le cahier des charges d'où il a exclu l'application du paragraphe 1er de l'article 433.

Je le prouve par la lecture de l'article 29 :

« Lorsque les délais de livraison fixés conformément à l'article 28 et indiqués dans la commande seront dépassés, sans que l'adjudicataire ait obtenu un sursis de livraison, celui-ci subira une retenue d'un quart de centime...

... Ces mesures de rigueur seront précédées toutefois, de la constatation régulière des retards qui les auraient motivées, et d'une mise en demeure préalable. »

Voyons maintenant la seconde partie de l'article :

« Les mêmes mesures seront prises à l'égard de l'adjudicataire; 1° s'il venait à être...

» 2° S'il n'exécutait pas lui-même la fourniture et s'il venait à concéder...

» Les actes considérés comme frauduleux pourront être l'objet, malgré la résiliation du marché, de poursuites judiciaires, le cas échéant. »

Voilà un article qui est décisif. Conformément à ce qu'avait dit M. le comte Frochot dans la discussion au Conseil d'État, à savoir qu'il était impossible de donner aux fournisseurs la crainte de se voir appliquer des poursuites judiciaires, si le cahier des charges ne les en avertissait pas, le ministre de la Guerre a eu le soin de toujours prévoir dans ses marchés les cas pour lesquels il se réservait le droit de demander des poursuites judiciaires. Il peut les réserver même pour le cas de retard et négligence — c'est une menace pour l'adjudicataire ; — il peut ne les réserver que pour le cas de fraude, il peut ne le réserver ni pour l'un ni pour l'autre cas.

Il en a le droit parce que, comme l'action publique n'appartient pas au parquet et qu'il en est le seul juge, il peut déclarer par avance aux fournisseurs que telles ou telles fournitures, ont à ses yeux une importance moindre qui ne comporte pas l'application de telles pénalités, et il les prévient qu'il n'usera pas de la faculté qui lui est réservée par la loi.

Ici, le ministre a réservé le droit de poursuivre en cas de fraude; il n'a pas parlé de poursuites en cas de retard. Il a donc prévenu le jour du marché, qu'il renonçait à poursuivre pour le cas de retard et de négligence parce qu'il a pris d'autres mesures et qu'il s'est chargé de pourvoir à mes frais à tous les cas urgents.

On comprend à merveille qu'en présence d'un cahier des charges et d'un marché que ne traitent ferme ni quant à la quantité des objets, ni quant au délai de livraison, qui ne chargent nullement M. Allez de fournitures déterminées, livrables à date fixe, mais les obligent à satisfaire pendant deux années à des commandes complètement abandonnées à son libre arbitre ; on comprend, dis-je, que le 1er § de l'article 433 ait dû être formellement écarté des prévisions de l'adjudicataire ; l'Administration, en cas de retard, se pourvoira ailleurs à ses frais, mais après constatation régulière et mise en demeure.

Rien de plus naturel ; rien de plus nécessaire, rien de plus obligatoire que de telles stipulations.

J'affirme que si l'application de l'article 433 aux cas de retard n'avait pas été formellement exclue par le cahier des charges, s'agissant surtout de fournitures de quincaillerie sans rapport avec les fournitures militaires proprement dites, et de commandes indéterminées quant à la quantité et quant aux délais, MM. Allez auraient formellement refusé de passer de gré à gré un pareil marché.

Jamais d'ailleurs une constatation régulière du retard n'a été signifiée à MM. Allez ; ils n'ont jamais reçu une mise en demeure. — Le contrat ne pourrait donc leur être strictement appliqué même au point de vue des conséquences civiles. — A bien plus forte raison ne peut-on leur appliquer des pénalités correctionnelles non réservées.

Mais laissons même de côté l'absence de mise en demeure, qui confirme le défaut d'urgence et de préjudice, comment y aurait-il place pour le retard, pour la négligence, puisque c'est l'officier d'administration qui, suivant les cas d'urgence, que je ne peux pas connaître, suivant les besoins du service que j'ignore, se charge de remplacer les objets que je ne fournis pas ou que je fournis défectueusement ?

Il est donc interdit au ministre de la Guerre de soulever la question du retard, et sur ce point comme sur tous les précédents il ne peut pas faire à MM. Allez une situation différente de celle qui est prévue par le cahier des charges et par les principes généraux du droit.

J'ai fini, Messieurs.

Il n'y a rien dans ce procès, rien que du bruit, rien que de la sonorité voulue, et il est vraiment malheureux que deux hommes d'une honorabilité parfaite, comme MM. Allez père et fils aient été, pendant de si longs mois en butte à toutes les infamies qui ont pu être répandues sur leur compte, alors qu'au fond leur bonne foi était, dès le premier jour, constatée et proclamée par la justice.

On en est réduit aujourd'hui à invoquer contre eux une faute contractuelle ; mais je relève contre celui qui les poursuit une autre faute contractuelle beaucoup plus grave. Il devait les mettre en demeure, il ne l'a pas fait. Il ne pouvait leur reprocher le retard et prendre contre eux des mesures de rigueur que s'il leur avait fait connaître les faits que la Commission avait constatés, et il ne les leur a pas fait connaître. Il les a laissés, depuis le 27 juin jusqu'à la date du 6 août, dans l'ignorance la plus complète.

Il a laissé déchaîner sur eux cette tempête de boue qui a fini par rejaillir jusque sur d'autres, il n'a pas observé le cahier des charges et a traité des hommes honnêtes d'une manière que personne d'entre nous ne voudrait avoir à se reprocher vis-à-vis de son plus cruel ennemi. Il les a condamnés et déshonorés sans les entendre.

Eh bien, messieurs, nous n'avons d'autres ressources qu'en vous et en votre justice. Déjà, lorsque M. le Ministre de la Guerre a déféré ces faits à l'instruction, le jour même où nous avons été entendus, ils ont perdu leur caractère délictueux. Ils l'ont retrouvé pour un instant, ce caractère délictueux, grâce à la préoccupation dont vous avez été témoins à l'audience dernière, préoccupation de ne paraître atteint et convaincu d'aucune faiblesse. Cette préoccupation a été assez puissante pour déterminer M. le Ministre de la Guerre, contrairement à tous les précédents, contrairement à tous les usages, contrairement à la déférence due au ministère public, à intervenir dans ce procès pour plaider sa propre cause, alors qu'il n'en avait pas le droit.

Le ministère public représente le Ministre de la Guerre comme il représente tous les autres citoyens, au point de vue de la poursuite publique. Le Ministre de la Guerre n'aurait eu le droit de prendre la parole dans ce débat que s'il avait à y défendre un intérêt privé, personnel, au point de vue des réparations civiles, non pas l'intérêt de sa personne, entendez-le bien ! — l'intérêt du Ministère, de l'Administration au nom desquels il agit.

Car ce n'est pas M. le général Mercier que nous avons en face de nous. Nous sommes trop petits et trop faibles dans la boue où il nous a jetés pour nous faire les adversaires ou les antagonistes de M. le général Mercier. C'est le ministre seul qui a parlé.

Qu'a-t-il dit ? Il a si peu d'intérêt dans le débat pour son Ministère qu'il ne donne rien à juger pour lui. Au contraire, c'est à la juridiction administrative seule qu'il réserve de régler ses comptes avec MM. Allez. Il se borne à intervenir pour conclure à une condamnation aux dépens. »

Aux dépens de quoi ? De son intervention ? Depuis quand l'intervention est-elle justifiée par le seul intérêt des dépens de l'intervention elle-même ?

L'intervention n'était donc pas dans l'intérêt du Ministère de la Guerre, elle était toute dans l'intérêt du Ministre de la Guerre qui n'a aucun compte à régler avec nous et qui ne peut rien avoir à nous demander.

Eh bien ! n'en déplaise à M. le Ministre de la Guerre, il n'a pas le droit de prendre la parole ici quand il ne représente aucun intérêt privé. Il est représenté par M. le substitut qui représente lui-même M. le procureur général. Si cette représentation ne lui suffit pas — et il serait difficile — qu'il s'adresse ailleurs ! mais il n'a pas le droit de parler ni au-dessus ni même à côté du ministère public.

Ce sont mes derniers mots, messieurs. nous attendons de vous justice.

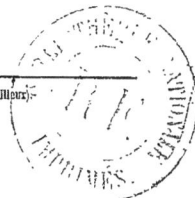

IMPRIMERIE CHAIX, RUE BERGÈRE, 20, PARIS. — 25996-12-94. — (Encre Lorilleux).

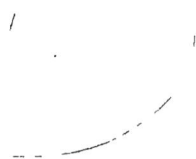